新时代智库出版的领跑者

国家智库报告（2021）
National Think Tank (2021)

促进共同富裕的国际比较

A COMPARATIVE STUDY ON THE PROMOTION OF COMMON PROSPERITY

周弘 等著

中国社会科学出版社

图书在版编目(CIP)数据

促进共同富裕的国际比较 / 周弘等著 . —北京：中国社会科学出版社，2021.9（2022.10 重印）

（国家智库报告）

ISBN 978 – 7 – 5203 – 9265 – 5

Ⅰ.①促… Ⅱ.①周… Ⅲ.①共同富裕—对比研究—世界 Ⅳ.①F113.8

中国版本图书馆 CIP 数据核字（2021）第 209622 号

出 版 人	赵剑英
项目统筹	王 茵 喻 苗
责任编辑	张 潜
责任校对	党旺旺
责任印制	李寡寡

出 版	中国社会科学出版社
社 址	北京鼓楼西大街甲 158 号
邮 编	100720
网 址	http://www.csspw.cn
发 行 部	010 – 84083685
门 市 部	010 – 84029450
经 销	新华书店及其他书店

印刷装订	北京君升印刷有限公司
版 次	2021 年 9 月第 1 版
印 次	2022 年 10 月第 3 次印刷

开 本	787×1092 1/16
印 张	13
插 页	2
字 数	168 千字
定 价	78.00 元

凡购买中国社会科学出版社图书，如有质量问题请与本社营销中心联系调换

电话：010 – 84083683

版权所有　侵权必究

摘要：推进共同富裕与经济社会的全面进步息息相关。国际上有多种指标衡量共同富裕的程度，这些指标涵盖经济收入、社会分配、公共服务等多个领域。在以市场经济为基础的当代国家中，国家采取多种形式干预社会，影响财富分配。这些干预的路径和方式各不相同，形成了当今世界各种国家治理模式。本研究通过梳理各个案例国在国民财富的创造和分配过程中的主要相关体制、机制、政策、发展规律及理念，分析影响财富创造和分配的主要因素，总结案例国在实现共同富裕方面的经验和教训。研究发现，不仅市场规范和法治建设对于建立公平合理、共同富裕的社会至关重要，系统性的社会政策更是不可或缺。国家应当在规范市场的过程中嵌入社会元素，在保障市场公平的条件下弥补市场缺失，在社会就业、社会分配、公共服务等领域进行制度性介入。

关键词：共同富裕；社会分配；国际比较

Abstract: The promotion of common prosperity is relevant to the overall economic and social progress. For the purpose of measuring common prosperity, a variety of indicators are invented, covering economic income, social distribution, public services and so on. In western countries with full-fledged market economy, various state intervention measures are taken to correct "market failure", thus affect the distribution of wealth. The paths and methods of these interventions are different, forming various modes of national governance in the world today. This study analyzes the important factors affecting wealth creation and distribution by combing the main relevant systems, mechanisms, policies, principles and ideas of each case country in the process of national wealth creation and distribution, meanwhile, summarizes the experience and lessons of the case countries in achieving common prosperity. The study demonstrates that establishimg market norms and rule of law is essential for constructing a fair, reasonable and common prosperity society, meanwhile, systematic social policies are indispensable. The social elements should be embedded in regulating the market to ensure market fairness, therefore, it is important to improve the institutions and tools of intervention in the fields of social employment, social distribution, public service and so on.

Key Words: Common prosperity; social distribution; comparative study

目　　录

导论 ·· (1)
  一　如何认识并衡量共同富裕 ························ (1)
  二　规范市场就是造福社会 ···························· (2)
  三　推行制度性社会再分配，弥补"市场缺失" ······ (8)
  四　政府对于公益设施的直接或间接投入 ············ (13)
  五　国家用于社会领域的公共开支 ···················· (15)
  六　建设现代化社会主义强国，社会政策至关
      重要 ··· (15)

美国 ·· (17)
  一　经济社会概况 ······································· (17)
  二　初次分配 ··· (21)
  三　社会再分配体系 ···································· (23)
  四　第三次分配制度体系 ······························· (31)
  五　总体评价 ··· (34)

南美 ·· (36)
  一　基本情况 ··· (36)
  二　推进共同富裕的南美政策及其效果 ············· (41)

三 制约拉美共同富裕的主要因素 ……………………（56）

德国 …………………………………………………（60）
    一 基本情况 ………………………………………（60）
    二 初次分配 ………………………………………（61）
    三 社会再分配 ……………………………………（66）
    四 第三次分配及其他 ……………………………（72）
    五 德国统一后的东部建设 ………………………（74）

法国 …………………………………………………（77）
    一 基本情况 ………………………………………（77）
    二 初次分配 ………………………………………（79）
    三 社会再分配 ……………………………………（83）
    四 第三次分配及其他 ……………………………（88）
    五 结论 ……………………………………………（88）

北欧 …………………………………………………（90）
    一 基本情况 ………………………………………（90）
    二 初次分配及相关政策 …………………………（94）
    三 社会再分配及相关政策 ………………………（101）
    四 社会服务 ………………………………………（106）
    五 民间资源 ………………………………………（108）
    六 分析和结论 ……………………………………（110）

西班牙 ………………………………………………（113）
    一 基本情况 ………………………………………（113）

  二 初次分配及相关政策 …………………………………（116）
  三 社会再分配及相关政策 …………………………………（124）
  四 第三次分配 ………………………………………………（126）

欧盟 …………………………………………………………………（130）
  一 基本情况 …………………………………………………（130）
  二 初次分配：劳动与就业 …………………………………（137）
  三 社会再分配 ………………………………………………（139）
  四 第三次分配 ………………………………………………（142）
  五 欧盟推动共同富裕的地区政策及财政转移 ……（143）

英国 …………………………………………………………………（148）
  一 初次分配情况及政策 ……………………………………（148）
  二 社会再分配情况 …………………………………………（150）
  三 第三次分配 ………………………………………………（161）

俄罗斯 ………………………………………………………………（163）
  一 基本情况 …………………………………………………（163）
  二 初次分配指标及政策 ……………………………………（164）
  三 社会再分配 ………………………………………………（165）
  四 公共服务 …………………………………………………（166）
  五 其他类别转移：慈善及税收优惠 ………………………（167）

日本 …………………………………………………………………（169）
  一 基本情况 …………………………………………………（169）
  二 初次分配 …………………………………………………（172）

三　社会再分配…………………………………………（174）
　　四　三次分配：慈善活动在日本社会财富分配中的
　　　　角色与作用……………………………………（179）
　　五　日本社会财富分配经验总结及启示……………（181）

韩国……………………………………………………（183）
　　一　基本情况……………………………………………（183）
　　二　初次分配及相关政策………………………………（186）
　　三　社会再分配…………………………………………（188）
　　四　公共服务支出………………………………………（193）
　　五　社会服务输送体系…………………………………（194）

后记……………………………………………………………（196）

导　　论[*]

一　如何认识并衡量共同富裕

关于共同富裕，目前国际上有多种衡量尺度，其中最为广泛使用的是基尼系数（以 0 为完全平等基准）和 S80/S20 指标（20% 最高收入人群与 20% 最低收入人群的收入比）。世界银行、经合组织等国际机构会定期发布各国的基尼系数排序并公布 S80/S20 指标。除此以外，还有其他许多指标，例如联合国开发计划署发布的人类发展指数（简称 HDI）将经济指标与社会指标相结合，更加强调人文发展，而不仅仅是经济收入状况。2020 年《人类发展报告》引入了收入不平等指数、性别不平等指数、多维贫困指数三个新的衡量指标，并使用预期寿命、教育水平、生活质量甚至满意程度等作为指标，更加立体地反映社会的共富情况。此外，还有致贫风险等计算方式。

社会均富与社会富裕水平（人均 GDP）往往重合，但并不正相关。人均 GDP 在 3 万美元以上的国家，基尼系数大多低于 0.35，但是人均 GDP 高的国家基尼系数并不一定低，例如美国和英国的基尼系数都超过了 0.4。俄罗斯人均 GDP 只有 1 万美元，而基尼系数也低于 0.35[①]。还有些智库将包括个人收入、

---

[*] 本章执笔人：中国社会科学院周弘。

[①] 根据 OECD（2021），Income inequality（indicator）. doi：10.1787/459aa7f1-en（Accessed on 04 September 2021）以及世界银行发布的数据整合而成。

社交活动、健康与预期寿命、生活方式的自由度，对治理方式的看法、对弱势群体的照顾、社会服务的可及度，甚至理想主义和乌托邦精神接受程度也作为幸福指数加入衡量标准。还有些研究测量各国国民的收入来源，考察劳动性收入、财产性收入、转移性收入和其他非劳动性收入的占比。除了静态的人口、经济、社会、分配及效果等指标以外，还要测量上述要素的动态发展指标，特别是一些长期性项目的潜力，以及改变现实条件的成本指标。

本研究的聚焦点不在于罗列世界各国的贫富现状，而在于讨论各个案例国在国民财富的创造和分配过程中的主要相关体制、机制、政策、发展规律及理念。我们看到，第二次世界大战后，世界曾经历过一个相对稳定的经济增长期。在这段稳定时期出现了一些经济社会相对稳定发展、国民收入相对均衡增长的国家治理模式，其中以北欧、德国、日本较为突出。虽然这些模式仍然建立在全球发展不平衡的基础上，尽管这些国家存在自身固有的体制机制问题，并日益走向不稳定和不均衡，但仍然有很多治理模式和社会政策值得挖掘。我们也考察盎格鲁—撒克逊国家和南美国家，并选取了西班牙、俄罗斯及韩国作为参照国。尽管各国贫富差距的原因不同（有些是制度和政策原因，有些则是年龄、族裔、行业、区域差异等原因），但是仍然可以找到有关"共同富裕"的正面经验或负面教训。

二 规范市场就是造福社会

当代资本主义国家，无论是自由资本主义（如英美）还是社会市场经济（如大陆欧洲），抑或是福利资本主义（如北欧），都不是纯粹"自由放任"的经济体。国家对于市场都会加以干预，干预的方式虽有类似，但不尽相同，干预的结果形成了国民收入不同的分配格局。

(一) 规范市场也是规范社会

世界各国的市场规则的公平尺度是不同的，但是通过建立市场规则影响资源和收入分配的初衷是相同的。德国在第二次世界大战结束后重建自由市场经济，这种"自由"并非全然放任的自由，而是规范的市场秩序，所以德国人自称是"秩序资本主义"。因为在市场制度设计中包含社会公平的因素，所以又称"社会市场经济"，如艾哈德所说："倘若竞争的市场秩序可以避免垄断，那么市场经济本身就是社会的。"在嵌入了社会要素以后，德国劳动者从市场上获得了较高的回报。

美国将自由的市场经济奉为圭臬，规范市场的重点在于保障自由竞争，鼓励企业家精神，维护资本的投资获利，体现效率有效原则，对影响市场自由运行的垄断行业实施打击。历史上AT&T的解体，现在四大科技巨头面临的拆分，都是典型案例。

北欧国家是另外一种市场经济模式，国家依法保护私有财产，资方利益得到大力维护。在各行各业中，私营企业都是国民经济的主要成分。以瑞典为例，其企业税率仅为20%—25%，在工业化资本主义国家中也是比较低的，在2012年到2014年间甚至下降到17%—18%，用以激发企业的创新和活力。因此，瑞典及其他北欧国家造就了一大批国际知名的大企业和较高较平均的收入水平，主要原因除了高素质的人力资源以外，就是非常宽松的投资环境。

与北欧不同的是，南欧国家财政长期高度依赖公司税，西班牙的公司税率在20世纪80年代曾经高达35%。但是在进一步融入欧洲一体化的过程中出现与其他成员国趋同的现象。政府不断下调企业税，到2018年已经下调至25%，新成立的公司有税收优惠，前两年可低至15%。企业在研发、再投资、促进出口、员工培训、创造就业和提供社会住房等方面的投入可享受到税收抵扣和激励。

法国和其他西方发达国家都不同的特点是较高的国有化成分影响市场经济的运行。由于历史因素，事关国计民生或有重要战略意义的行业，几乎悉数收归国有，此后虽经过私有化改造，但国有性质的企业数量仍然庞大，形成各种尾大不掉的利益集团，中小企业在法国发育严重不足。这种分割的市场影响到劳动者收入，结果国家又花大力气建立社会再分配机制。

几乎所有国家都用严格法律手段规范市场，打击市场违规、惩处寻租行为。各国建立了严格的法律执行和违法惩罚机制，例如西班牙的逃税罚款可高达未纳税额的50%—150%，并在5年内丧失其他免税权利等。

（二）干预劳动力市场

上述国家的另外一个共性是国家对就业政策的重视。就业率和就业质量直接关系国民收入和富裕水平，在这方面各国的做法并不相同。

美国的就业政策注重市场，各项介入政策都是为了刺激就业，使就业市场更加灵活机动。美国劳工部定期公布就业信息和就业发展趋势。美国的跨州就业十分普遍，这与早期将英语作为各族裔的统一工作语言相关。遍布全国的高速公路网，全国统一的社会保障网及覆盖全国的就业服务也起到了促进劳动力合理流动的作用。可以说，美国最先实现了全国大面积无障碍劳动力自由流动，其结果是劳动力资源可以根据市场需求实现优化配置。

欧盟/欧共体的立盟之本之一就是"劳动力的跨国自由流动"。只是在语言不通、文化各异的跨国环境下，实现这一目标并不容易。欧盟采取的方针是提倡"好的就业岗位"，就是所谓"有尊严的就业""收入高的就业"，通过"开放性协商制度"协调各国的社会政策，推动各国向高素质就业方向移动。

德国在施罗德政府执政期（1998—2005）坚决实施更加自由宽松的劳动力市场政策，主要内容是打破各种门槛，降低失业率，从2005年的11.7%下降到2019年的5%，就业率从2005年的69.4%上升到2020年的80.1%。2020年仅因疫情原因德国失业率略微反弹到5.9%，但是通过"短时工作制"等保护性措施，维持了德国核心劳动力队伍和劳动者收入的稳定。

北欧各国自21世纪以来采取积极的劳动力政策促进就业。近十年来其就业率一直保持在70%以上，登记失业率仅为3%—8%。充分就业保障了国民基本收入。北欧的劳动力市场规则也十分严格，个人所得税费高达70%左右，用于各种"社会团结"项目，使国家福利制度十分完善，国民的收入和享受到的社会服务明显趋同。

西班牙受产业结构地区差异、研发创新较弱、工业现代化建设发展滞后等因素影响，实现充分就业面临严峻挑战，失业率，特别是青年和妇女的失业率长期持高不下。1982年以来，西班牙历届政府推行了50多次劳动力市场改革。1984年工人社会党首次引入二元结构的劳动市场体系，将短期合同与长期合同就业灵活结合，旅游业、服务业等行业吸引了大量的临时就业。2012年人民党推行了最为严厉的劳动力市场改革，改变了劳动力市场僵化特征，赋予雇主在雇佣、解雇等方面更大决定权。

法国通过政府社会政策深度干预就业市场，一方面收紧了领取失业保险的资格，同时扩大失业保险的覆盖范围，倒逼失业者回归劳动力市场，另一方面出台帮扶措施，从供需两侧深度细致介入就业过程。在企业一方，派遣顾问跟进招聘过程，帮助企业解决招聘难题；在求职者一方，增加就业顾问、提供强化训练和企业对接。同时创办数百所"具有职业融入使命"的托幼机构，为贫困家庭特别是单身母亲提供幼儿看护服务，方便她们腾出时间去找工作。政府还创造一些公益性就业岗位。

《俄罗斯联邦居民就业法》（1996）明确规定，国家实施旨在促进居民实现充分、生产性和自由选择的就业权利的政策，并通过金融投资、税收优惠等措施鼓励劳动力合理流动和灵活就业。俄罗斯还建立了联邦就业机构，联邦政府可依法从联邦预算中划拨资金，缓解劳动力市场的压力。

韩国实施劳资民政（劳动界、资方、市民团体、政府）协同促进就业的政策，采取针对不同对象制定适配性政策，针对特殊群体推出了不同的就业促进政策，从中央到地方都设立了为青年、女性、老年人就业提供支援的政策和机构。

南美国家也干预就业，主要是调整就业结构，扩大服务业，扩大劳动收入规模，同时加大劳动保护，提高劳动收入的稳定性，扩大工资收入在劳动收入中的比重，推动初次分配公平化。

（三）投资人力资源开发——"社会投资国家"

"社会投资国家"概念产生的主要背景是，全球化时代国与国之间的经济竞争日益加剧，而提高竞争力的核心要义在于提高劳动者的素质和能力。高素质的劳动力也是保持高收入的必要条件。基于这个认识，北欧国家长期以来聚焦人力资源政策，提供从摇篮、就学到职业培训和老年再就业的整套社会政策干预。无论是教育还是科研的资金投入占GDP的比例都是全球最高的。北欧五国从25岁到39岁具有大学文凭的公民占比高于欧盟的平均值。公民普遍性具有高水平知识文化和教育素养是其成为创新性国家的前提条件，同时也为年轻人在创新领域就业提供了条件，为企业创新提供了高水平和高技能的劳动力队伍，孕育了诸如爱立信、诺基亚、Skype、Spotify、乐高、宜家、沃尔沃等众多的行业领军企业。北欧的国民收入也得以维持在高水平上。基于这个经验，欧盟开始提倡"社会投资国家"，并向欧盟成员国推广这一政策。

马克龙执政法国后，决定学习北欧的"社会投资"观念，从教育着手，扩大扩容托儿所、幼儿园；从矫正社会分配转变为投资人力资源，从被动救济到主动用知识技能武装个人，尽量保证每个人都有能力获得并保有稳定的就业，实现终身的可持续发展，即从结果平等转向机会平等。

南美国家也着力提升劳动者技能，以缩小高低工资差，推动初次分配均等化。

（四）规范引导初次分配

规范引导初次分配主要是大陆欧洲国家的治理模式。国家干预薪资政策的制定，保证了劳动者的合理收益，也确保了劳动者依法纳税。这种对市场的社会性干预使得国民收入在初次分配后就达到了相对平均的水平。

德国创造了被称为"社会伙伴关系"的劳资集体谈判制度，使劳动者在初次分配时占据有利地位。这种制度由德国的行业工会与雇主协会共同就本行业内的工资水平及工作条件进行谈判，达成一揽子协议，形成固定的、高度社会自治与社会自我管理的原则，政府则提供方向性的指导与劳动市场的基础数据，但并不直接介入劳资集体谈判。经过集体谈判后的工薪达到一种合理均衡的水平。初次分配后，德国就业人员可支配收入占国民收入比重从2010年的66.8%上升到2018年的69%。劳动报酬成为德国国民财富构成的主体，也体现了劳动相对于资本的价值，并保障了有效消费。

有研究认为，实行社会民主主义的北欧早在20世纪50年代就实行三方谈判机制，在劳动报酬、劳动条件、就业条件、企业发展规划及对员工福利待遇的保障等方面都起到了重要的作用。有关收入分配和工作环境等的集体协商的确有助于劳动者在初次分配过程中的收益更加合理和平等。

法国和德国类似，也有社会伙伴集体谈判机制，就工资、企业补充保险等问题进行集体协商。法国还有完善的劳动力监管体系、严格的税收制度和银行监管体系（禁止现金交易），所有的就业（包括兼职就业、小时工、季节工、短期工等）无论规模大小，均需向政府税务部门申报，上浮为"显性"就业。所有未签署劳动合同且未进行税收申报的就业均属于非法性的"黑工"。纳税之后，便获得相应的社会保障权利和给付资格，无业和失业者则享受国家救助。

日本的制度不尽相同，实行的是以终身雇佣、工龄工资制和基于企业的工会联合为核心的就业体制。由于就业高度稳定，经济危机造成的损失往往由企业主和高管承担。时至今日，每年步入职场的毕业生（高中和大学及以上学历）中，和企业签订传统终身雇佣合同的比重仍超过90%。稳定就业也使企业主更愿意投资员工的培训和职业发展。结果是，日本在初次分配以后即呈现出收入高度均等化的特征。基尼系数长期稳定在0.35以下，初次分配均等化程度居于世界第二或第三。

美国对于初次分配的干预降到最低，虽然劳工部提供各行各业标准薪酬数据，但是薪酬谈判多数情况下是个人和雇主之间的行为。近年来，由于高端服务业和低端服务业之间的鸿沟加大，资本快速扩张，所以美国就业率虽较高，但是资本、土地和技术相对于劳动在分配中占比过高，初次分配后美国的贫富差距相当明显。

南美国家干预初次分配的主要做法是对低收入群体实施收入保障，即实施最低工资与经济增长和通货膨胀挂钩等政策。

三　推行制度性社会再分配，弥补"市场缺失"

在保证上述市场运行（初次分配是市场运行的一部分）的基础上，各个国家根据不同的社会认同和政治运作，通过政府制定的社会政策和社会立法及社会行政，再次干预社会分配，一则是防范工业市场经济给社会带来的风险,二则是平抑市场经济体制下社会分配的不公,以弥补"市场缺失"。

社会再分配有很多机制,最为普及且制度化的机制是社会保险,此外还有专门用于扶贫的社会救助,为实现各种社会目标而制定的社会福利津贴等。由于这些机制的政策目标都是保护社会,所以很多国家采用的"社会保护"(social protection)概念即涵盖了上述各种社会主体参与的政策。"社会保护"的直接目标并非均贫富,但是,为保护社会实施的各种收入转移实际上起到了财富再分配和缩小贫富差距的作用。2018 年 OECD 成员国就业人员的基尼系数平均数是:税前与转移支付前为 0.41,经过税收和转移支付等公共政策干预后,基尼系数降低到 0.31[①]。

(一) 社会保险 (社会保障)

社会保险是一种有百多年历史的社会再分配制度,起始于 19 世纪末的德国,普及于 20 世纪 30 年代世界性经济危机之后,成熟于 20 世纪 70 年代。该制度根据工业化和城镇化给人类社会带来的收入减少风险的种类,构建了通常被称为"五大险种"的完整的社会保障制度,其中包括医疗保险、工伤保险、养老保险、失业保险和家庭保险。近年来,随着人口老龄化的加剧,有些国家开始建立长期护理保险。社会保险的制度设计要义在于责任共担、风险与共,多数国家采取个人、雇主共同缴费并由国家财政进行必要补贴的制度设计。在不同的国家里,社会保险的制度设计不尽相同,但是涵盖的保障内容却高度一致,这说明了社会保险作为现代社会制度设计的合理性。

社会保险由于供款方式 (雇主和雇员依据特定比例共同缴

[①] OECD (2021), Income inequality (indicator). doi: 10.1787/459aa7f1-en (Accessed on 04 September 2021).

费）和给付方式（根据年龄、失业、疾病等必要条件）的不同，在全员参保人中间必然会实行个人收入的转移，产生社会再分配效应，因此也称为"社会再分配"。建立了社会保险制度并经过该制度的收入调剂后，一般国家的贫富差距显著缩小。

社会保险在各个国家的"慷慨程度"相距甚远。法国的公共养老金制度由雇主和雇员共同出资，不足部分由国家补足，替代率高达60%—70%，与德国体制十分接近。西班牙的国力要远逊于德国和法国，但是其现代化的社会保险机制却与西欧国家类似，养老、医疗、工伤、失业和家庭保险几乎覆盖了全部的西班牙人口，尽管替代率比法国和德国要低，有些养老计划是分行业的，但对于维持基尼系数在0.35以下发挥了作用。有些欧洲发达国家的社会保险计划甚至是均等的，例如法国和英国的医疗保障都无需患者额外支付。在新冠肺炎疫情大暴发时期，欧洲国家的医疗保障制度承受了很大的压力，但是作为一种制度模式依然稳固。

1989年日本政府开始实施《促进老年人健康与福利的十年规划战略》，出台了一系列社会保险计划的扩张性改革措施，包括引进长期照顾险等，强化了收入再分配功能，使20世纪90年代中期已经达到0.4的初次收入分配基尼系数回落到了0.3左右，保障了日本社会的收入均等。

韩国基于市场收入的基尼系数在多数年份都超过了0.4，但通过国民年金、基础年金、儿童补贴等公共转移收入，家庭可支配收入的基尼系数大幅度降低，2019年达到最低点。

在南美，社会保障制度存在明显短板，各国大都没有建立失业保险制度。智利实施公共养老金结构性改革，采用"确定供款"（DC）方式，但因覆盖面不足，社会再分配功能弱，强制性缴款率低以及退休年龄相对较低等综合原因，无法提供"充足的"养老金。巴西、哥伦比亚、圭亚那、巴拉圭、秘鲁和委内瑞拉采用的"确定收益"（DB）计划，阿根廷、玻利维亚、厄瓜多尔、圭亚那和乌拉圭采取的混合型计划，都面临财政困难。由于制度的缺失，南美国家贫富差距较大，基尼系数长期高于0.45。

（二）社会福利和社会救助

"社会救助"一般是防止落入绝对贫困的托底政策，在多数国家也是整体社会保障体系的组成部分。因为很多国家需要经过家计调查才予以有针对性的发放，因此成为社会不平等和社会歧视的又一根源。

"社会福利"有不同的解释。在一些国家里，"社会福利"泛指不包含在"五大险种"中的社会政策给付，其中包括社会救助等托底项目。但是在有些国家，"社会福利"则代表高于社会保险的社会政策给付或社会津贴。这些津贴项目的实施不仅可以有针对性地提高需求者的收入水平，而且会兼顾人口政策、性别政策等其他国家政策，同时也可以用于进一步消弥贫富差距。

法国社会福利政策向老年人、残疾人、穷人等社会弱势群体倾斜。家庭津贴制度由雇主单方面出资，津贴种类繁多，在社会发展方面展现出很高的社会认同。

北欧各国早在20世纪30年代就开始实行儿童津贴，只要拥有当地合法居住权都可以拿到儿童津贴。20世纪80年代以后，随着女权主义的发展，北欧母亲的福利待遇也得到进一步的提升。另外还设有类似住房津贴、家政服务津贴、学生津贴等。这些津贴具有普及性，目标是确保民众享受有尊严的生活，同时加强公民意识和社会凝聚力。

西班牙并不是一个十分富裕的国家，但是其家庭津贴制度也很完备，有两个或以上孩子的家庭可以不需要家计调查就领取各种津贴。由于社会制度完备，即使在受到新冠肺炎疫情严重冲击的条件下，西班牙社会也保持了稳定，基尼系数2019年为0.32，S80/S20比率（20%最高收入人群和20%最低收入人群的收入比）在 2019 年为 5.8，比 2018 年还下降了 0.1。

美国各州政府实行名目和种类繁多的津贴制度，例如抚养未成年人的单亲家庭援助计划、短时的支持贫困家庭计划、各州的补充营养援助计划以及住房补贴计划，等等。这些计划有明确的针对性，而且有些是建立在家计调查的基础上，相当于扶贫托底，与北欧的家庭津贴从目标到操作方式都截然不同。

（三）三次分配：慈善政策及累进所得税

在经过了初次和社会再分配之后，有些国家的资本利得仍然过高，贫富悬殊现象严重。在这种条件下，有些国家加大了干预社会的力度，如欧洲国家采取高额累进所得税，同时增加社会服务开支。在美国，为了保证资本的收益，均贫富被当做一种自愿的行为。政府通过遗产税、地产税等税种以及十分宽松的慈善法来引导富人通过自愿的方式转移财富。自愿转移的财富通常会形成各种各样的基金会和非盈利机构，用于有针对性地支持某些社会团体或特殊领域的发展，其直接目标并非均贫富，但是间接作用可以辅助特定领域的发展。美国政府甚至会拨款给慈善机构，购买社会福利服务。

由于德国国内的贫富比较均等，因此来自慈善的捐款绝大多数投入到国外的人道主义事业中去了。根据德国及欧洲统计网站 Statista 提供的数据，德国国民在 2019 年度捐赠总计达 51.39 亿欧元，捐赠资金中 75.3% 用于人道主义援助[1]，提升了德国的国家形象。

北欧的志愿者也很多，通常也不是为了扶贫。由于民间福利资源与私人财产较少，主要财力通过缴税方式走向国家财库，民众剩余财力十分有限。由此，在北欧社会，社会福利的供给

---

[1] 参见德国及欧洲统计网站 Statista 关于德国社会志愿服务的统计：https://de.statista.com/themen/71/ehrenamt/。

主要通过公共财政或国家进行再分配来实现，而民间慈善的力量相对薄弱。

西班牙注重培育和发展社会公益组织和私人捐助事业。2018年共有15865个社会公益性组织，获得的各类捐赠总额为36.43亿欧元，2019年给各类慈善捐款的总人数为2180万人，主要用于帮助癌症治疗、对第三世界的发展援助、儿童救助、振灾、人道主义救助、教育、医疗等。西班牙人参与志愿服务和社会捐款已经成为公民参与社会事务的重要组成部分，各类公益社团的收入回馈社会，帮助社会急需帮助的人，形成互助互帮的社会公德和公益理念。

四　政府对于公益设施的直接或间接投入

在多数西方工业化国家里，社会对于"市场缺失"达成了基本认识，对于政府介入公共设施建设抱有期待，而公共设施亦能够普及性地惠及不同人群。欧盟在经济相对落后的南欧国家投放结构基金，初始目标是通过公共设施（如高速公路、地铁等）的建设创造就业，但在创造就业的社会目标达到的同时也形成了一种区域间均贫富的公共性投入。欧盟的结构基金和团结基金就实现了欧盟内部不同地区之间的财政转移支付。这两个基金支持落后地区中小企业的发展、促进投资和改善基础设施，为农村地区采用农业新技术、改进农业产业结构和发展非农产业提供资金支持，对平衡成员国之间的发展发挥了作用。在新冠肺炎疫情暴发以后，欧盟一方面紧急启动了1000亿欧元的就业支持计划，推广了德国长期实行的"短时工作制"，以保护欧盟区内的就业稳定；一方面通过了集体举债的7500亿欧元的"欧洲复苏基金"，投资于与欧洲发展密切相关的领域。这种公共投入的效果不仅是经济的，更是社会的。

除了政府对公共设施的直接投入以外，很多国家采取引导、推动和激励等措施，促进大企业参与社会基础设施建设，实现企业的社会责任。例如2006年俄罗斯通过"公私协作模式"，把企业社会责任纳入到国家社会经济发展战略之中。俄罗斯地方政府通过签订正式的合作协定引入商业资源，着重发展了苏联时期遗留下来的作为"社会基础设施"的体育、艺术、医疗卫生和教育等资本投入缺欠领域，使其成为俄罗斯企业社会责任履行得最好、发展得最快的领域。

欧盟自身缺乏财政工具，但是利用法律法规、指导文件等软实力工具倡导企业的社会责任，引导企业参与提供社会、环境等领域的公共产品。欧委会在2001年发表的欧盟企业社会责任绿皮书《推动企业社会责任的欧洲框架》首次提出企业社会责任："公司在自愿的基础上，把社会和环境问题整合到它们的经营运作以及与利益相关者的互动中。"2011年10月，欧盟通过了《企业社会责任战略》，推动成员国出台政策、立法和监管措施，强化企业的社会责任。

很多国家还通过减免税的方式支持公益设施或活动。例如瑞典每年捐款2000克朗或一次性200克朗即可享受25%的捐款免税，每年最高可免1500克朗，即捐款6000克朗的免税额。西班牙政府推行地区之间的团结基金或财政转移资金，帮助较落后地区提高社会经济发展水平，缩小地区收入差距，还通过累进税和累退税调节收入分配①。

---

① 所谓累退税，主要指特定税收减免：如西班牙65岁以下所有人的基本个人免税额为5550欧元，65岁以后为6700欧元，75岁以后为8100欧元。如果与25岁以下的子女同住，可以申请以下额外津贴：一个子女为2400欧元，两个子女为2700欧元，三个子女为4000欧元，四个子女为4500欧元。每个3岁以下儿童的额外津贴为2800欧元。如果子女与父母或祖父母同住，总收入少于8000欧元，则65岁以上的人可以每年申请1150欧元的补贴，75岁以上的人可以申请2550欧元的补贴。此外，慈善捐款、缴纳工会会费、翻新或租赁房屋的支出等均可以享受税收减免。

五 国家用于社会领域的公共开支

社会开支在各国财政开支中都占首位，远高于国防、外交等领域的开支。根据 OECD 数据，大陆欧洲国家的公共社会开支相对较高，例如德国 2019 年的公共社会支出占 GDP 的比重为 25.9%，瑞典为 25.5%，挪威是 25.3%，法国最高为 31%，意大利为 28.2%，西班牙为 24.7%，部分北欧国家例如芬兰是 29.1%，丹麦为 28.3%，同时盎格鲁—撒克逊国家相对较低，美国为 18.7%，英国为 20.6%，加拿大是 18%，澳大利亚是 16.7%，OECD 国家的平均水平是 20%。2018 年，法国的公共社会支出占到国内生产总值的 30%，远高于经合组织 21% 的平均水平。2019 年俄罗斯的社会支出占总开支的 61.2%，其次是用于国防、国家安全与执法活动的开支，占总开支的 13.9%，占第三位的是国民经济发展开支，占 12%。在其他国家，包括美国，公共开支的排序也是社会开支第一。这说明当代国家的社会功能十分发达，承担的社会责任也十分繁重。国内的社会稳定和团结是国家治理的首要职责。

六 建设现代化社会主义强国，社会政策至关重要

在世界进入百年变局之际，经济结构、技术领域和国际政治都会发生变化，而社会变动首当其冲。维护社会稳定是保障百年变局平稳过渡的先决条件之一，而保持国民收入的相对均等，中产阶级的稳定增长，各阶层劳动者劳有所获，实现经济社会和谐发展是关键一环。

在总结经验各国经验教训的过程中，我们发现，制定系统性社会政策的重要程度不亚于市场经济体系的建立和国家防务

的坚固。

社会政策是惠及全民的系统工程，包含国家在规范市场的过程中嵌入社会元素，在保障市场公平的条件下弥补市场的缺失，在社会就业、社会分配、公共服务等领域进行制度性介入。制定合乎中国社会主义现代化强国发展目标的社会政策，还需要考虑世界各种测量共同富裕及和谐发展的指标，对中国自身的发展有一个客观的认识。

进入 21 世纪以后，资本主义社会的短期平衡出现了动摇的迹象，各类资本主义社会治理模式正处于动态转变的状态中，其自身固有的体制机制问题也愈加明显，世界各国因其理念和禀赋不同而社会政策体制机制和政策法规也不同，直接影响国民的收入、社会的共富，甚至国家发展的未来，对此我们需要高度重视。不过，现代工业化国家的治理体制和社会政策的实践还是可以为我们提供有关"共同富裕"的正面或负面的经验或教训。

美　　国[*]

1879年亨利·乔治在《进步与贫穷》一书中提出了这样一个问题：为什么在十分富裕的美国还存在着贫穷现象？作者从土地私有制和财富分配的角度进行了分析，并提出了单一税的应对之策。然而，自1894年超过英国成为世界第一大经济体以来，美国GDP已经连续127年位居世界第一。但是，美国在这一百多年间不仅始终没能克服贫困问题，而且贫富差距还在不断扩大。这一社会现象与美国盛行的自由放任主义和社会达尔文主义价值观，及其指导下的初次分配及再分配制度密切相关。

一　经济社会概况

美国是一个拥有多元族群的国家。据美国人口普查局2021年8月12日发布的2020年全国人口普查数据，白人在总人口中所占比例呈下降趋势，从10年前的63.7%降至57.8%；"拉美裔"人口飙升23%，规模达到6200万，在总人口中所占比例为18.7%；非洲裔人口4690万，占总人口的12.4%，占比10年来保持稳定；亚裔群体增速最快，10年间人数增加超过三分之一，现有2400万，在总人口中占比为6%。[①]

---

[*] 本章执笔人：中国社会科学院马克思主义研究院李凯旋。
[①] 2020 Census Results, https://www.census.gov/2020results.

根据世界银行统计，近十年来，美国人均 GDP 从 2011 年的 49814 美元增至 2020 年的 63415 美元，增幅达 27.3%。同时，人均 GNI 增长从 2011 年的 50580 美元增至 2019 年的 65910 美元，增幅达 30.3%（2011 年至 2019 年），均保持了较为强劲的增长态势（见表 1-1）。

但是，美国多年来持续强劲的经济增长及其成果并没有平等地惠及所有人，贫富差距在近十年间却呈上升态势。美国近十年来的基尼系数呈缓慢上升趋势，从 2011 年的 40.9（0 为完全平等，100 为完全不平等），增至 2018 年的 41.4（见表 1-1）。而经合组织 2021 年 7 月最新公布的关于财富分布的统计显示，美国 2019 年家庭平均净财富为 634591 美元，而家庭财富中位数仅为 90298 美元（均为 2015 年的不变价格）。由于高负债等因素，2019 年，美国最低收入人口 20% 的财富量为其全国总财富的 -1%，而最富有的 5% 和 1% 的群体却分别拥有总财富的 68% 和 40%。①

总体而言，美国的贫困问题还表现出了突出的年龄、性别、族群和地域特征。如图 1-1 所示，根据美国人口普查局公布的数据，2019 年，美国总体贫困率为 10.5%，其中男性为 9.4%，女性为 11.5%；18 岁以下总体贫困率 14.4%，18 岁至 64 岁贫困率为 9.4%，65 岁以上贫困率为 8.9%。但是，美国不同种族群体的贫困率不同，白人（不含拉丁裔）贫困率 7.3%，黑人贫困率 18.8%，亚裔为 7.3%，拉丁裔及其他所有族群为 15.7%。从年龄段来看，美国黑人中 18 岁以下未成年人、18 岁至 64 岁成年人及 65 岁以上老年人的贫困率分别为 26.4%，15.9% 和 18.0%，而白人相应的比率分别是 8.3%，7.1% 和 7.7%。② 各年龄段黑

---

① 数据来源：OECD Wealth Distribution Database（WDD）。

② Poverty Status of People by Age, Race, and Hispanic Origin: 1959 to 2019, https://www2.census.gov/programs-surveys/cps/techdocs/cpsmar20.pdf.

表 1-1

项目\年份	2011年	2012年	2013年	2014年	2015年	2016年	2017年	2018年	2019年	2020年
人均GDP（美元）	49814	51548	53057	55008	56832	58001	60092	63043	65240	63415
人均GNI（美元，Atlas method）	50580	52760	53930	55840	56740	57270	59460	63510	65910	A.
基尼系数（0-1）	0.409	0.409	0.407	0.415	0.412	0.411	0.412	0.414	N.A.	N.A.
预期寿命（岁）	78.6	78.7	78.7	78.8	78.6	78.5	78.5	78.6	78.8	N.A.
千人医生数（位）	2.46	2.50	2.56	2.58	2.58	2.59	2.61	2.61	2.64	N.A.
千人病床数（个）	2.97	2.93	2.89	2.83	2.8	2.77	2.87	2.83	N.A.	N.A.

数据来源：https：//data.worldbank.org/indicator/SP.DYN.LE00.IN？end=2019&locations=US&start=2011；https：//data.oecd.org/healthres/doctors.htm。

人贫困率总体均是白人的两倍以上，尤其未成年群体贫困率高达3倍之多。从性别角度看，美国18岁至64岁之间男性贫困率往往比女性贫困率低4个至6个百分点。① 如果从地域来看，南部贫困率为全美之最，达12%；而东北部、中西部和西部则分别为9.4%、9.7%和9.5%。18—64岁就业人口总体贫困率为9.4%，全职就业的贫困率为2%，非全职贫困率为12%，全年至少一周不工作贫困率达26.4%。②

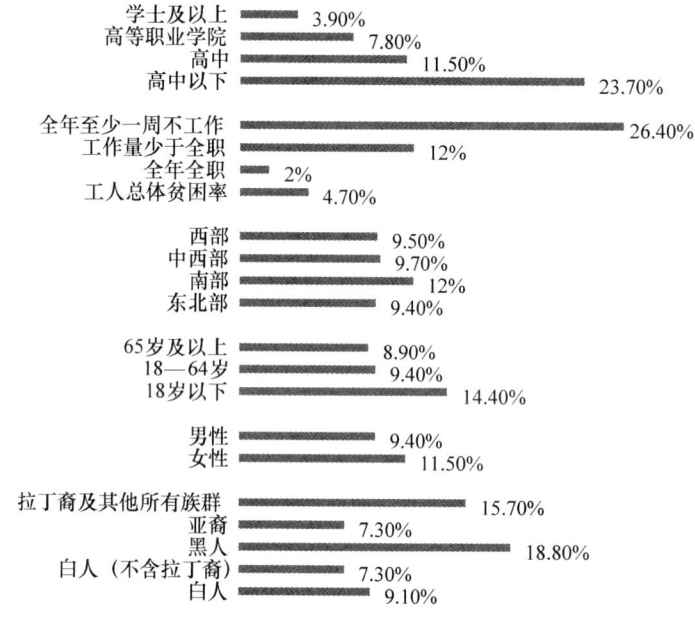

图1-1 美国贫困率概况（2019年）

数据来源：U. S. Census Bureau, Current Population Survey, 2019 and 2020 Annual Social and Economic Supplements（CPS ASEC）。

近年来，美国橄榄型社会的中间部分，不断萎缩，其中中

---

① Poverty rate in the U. S. by age and gender 2019, https://www.statista.com/statistics/233154/us-poverty-rate-by-gender.
② 数据来源：U. S. Census Bureau, Current Population Survey, 2019 and 2020 Annual Social and Economic Supplements（CPS ASEC）。

等收入群体占比大幅低于经合组织平均水平。如图1-2所示，美国中等收入群体占比仅为51%，比经合组织成员国平均比例低10%，而高收入阶层比例为14%，比经合组织成员国平均水平高5%。

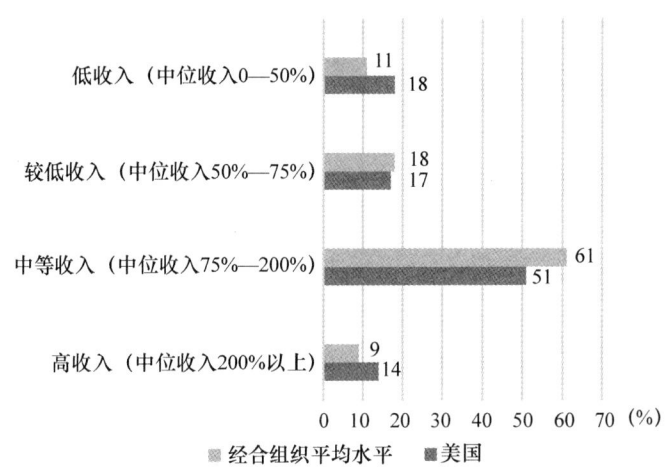

图1-2 美国及经合组织成员国中等收入群体占总人口比例

数据来源：https：//www.oecd.org/unitedstates/Middle-class-2019-United-States.pdf。

二 初次分配

美国的初次分配主要体现效率优先原则，即以劳动力、资本、土地和技术等生产要素的效率功能来进行分配。其中，劳资关系是决定初次分配水平的一个重要影响要素。

1935年，在富兰克林·罗斯福总统新政期间，美国国会通过了《国家劳动关系法》，并以此为基础成立了"国家劳动关系委员会"，以对劳动关系做出仲裁和调整。但是第二次世界大战后，随着反共和"冷战"思潮的高涨，反工会的力量占据上风。1947年美国颁布限制工会活动，破除工会就业垄断的《国家劳动关系法》；1959年颁布《劳资报告与披露法》，主要以限制工会领导权力、进一步限制工会活动为目的。此后，美国工会陷入长期衰落，工会密度持续下降，在劳资谈判中处于劣势。据经合组织统计数据，美国工会密度和集体谈判覆盖率，近年来持续走低。其中，工会密度由2000年的12.9%降至2020年的10.3%；集体谈判覆盖率自2000年的14.9%降至2020年的12.1%（见图1-3）。尤其集体谈判覆盖率，远低于法国（98%）、北欧国家（82%—90%不等）的水平。① 这对工资收入在初次分配中的比重，产生了负面影响。

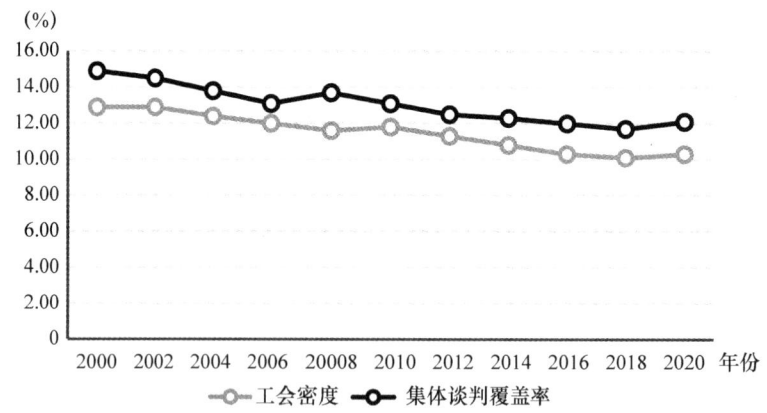

图1-3 美国工会密度和集体谈判覆盖率

数据来源：Trade Union Dataset，https://stats.oecd.org/Index.aspx? DataSetCode = TUD。

因此，尽管美国就业率比较稳定，自2011年至2020年，美国就业率总体稳定在67%以上，在2019年达到71.36%，但是，由于低工会密度和低集体工资谈判覆盖率，工资收入占总收入比重自2000年以来快速下跌，从63.3%降至2016年的56.7%，而1947年为65.4%。②

---

① 数据来源：Trade Union Dataset，https://stats.oecd.org/Index.aspx? DataSetCode = TUD。

② 数据来源：BLS；OECD STAN；McKinsey Global Institute analysis。

此外，女性非全职就业占女性就业人口比为16.8%，男性为8.3%。因此，男女中位数工资收入差为18.9%，远高于丹麦的4.9%，法国的11.5%，但低于日本的23.5%和韩国的34.1%。① 与德国、法国等欧洲国家进行横向比较，美国的"中产阶级"占总人口数的比重是最小的。

从税收角度而言，包括消费税、增值税和营业税在内的流转税，属于初次分配的范畴。与欧洲国家不同的是，美国没有增值税，但有消费税。美国的消费税一般指大多数州征收的一般销售税（general sales tax）。美国45个州和哥伦比亚特区开征的消费税一般从2.9%到7.25%不等。一般销售税占美国州政府收入的34.7%，地方政府收入10%。而联邦政府不征一般销售税，仅对机动车燃油、酒精饮料、烟草和其他几种商品征税，这些税占联邦收入比例不到10%。②

综上所述，尽管美国就业率总体比较稳定，但由于工会密度尤其是集体谈判覆盖率较低，以及消费税的税收归宿等因素影响，导致美国资本所得和劳动所得在初次分配中的比例严重失衡，贫富差距不断加大。

三 社会再分配体系

社会再分配在初次分配之后主要通过社会保障、公共服务及一些补贴体系等对收入进行再次调整。相对于初次分配，它主要体现在非生产阶段。

自建国以来，美国就是一个崇尚个人主义的国家，自由主义和有限政府是其政治经济生活的基本理念。因此，直到20世

---

① 数据来源：Social Protection and Well-being, https://stats.oecd.org/index.aspx?queryid=54744。
② [美]哈维·S·罗森，特德·盖亚：《财政学》（第十版），中国人民大学出版社2019年版，第394页。

纪30年代，在大萧条的沉重经济社会背景下，美国才开始构建补缺型社会保障制度，建立了养老保险制度和失业救济制度。20世纪60年代，美国又分别为65岁以上老年人设立了老人医疗护理计划（Medicare），为贫困人口建立了医疗救助计划（Medicaid）。

美国的公共援助项目相对比较完备，包括补充营养援助计划（SNAP，即原来的食品券计划 FSP）、补充保障收入计划（SSI）、贫困家庭临时援助计划（TANF）等。

（一）五大社保项目的结构与覆盖率

美国现行的养老金体系由三大支柱组成。第一支柱是联邦政府强制执行的社会保障计划（Social Security Program），主要包括老年、遗属保险及残疾人保险（OASDI），目前覆盖全国96%的就业人口。[①] 这是美国养老金体系的基石。2019年支出额占GDP比重为4.9%。[②] 美国公共养老金的净替代率在2018年达到了49.4%。[③]

第二支柱是政府或者雇主出资的养老金计划。前者为公共部门养老金计划（Public Sector Plans），是指联邦、州和地方政府为其雇员提供的各种养老金计划；后者为雇主养老金计划（Employer Based Pension Plans），则是指企业及一些非营利组织和机构为其雇员提供的养老金计划，通常也被称为私人养老金计划（Private Pension Plans）。第三支柱是个人自行管理的个人退休账户（Individual Retirement Accounts，简称IRA），是一种

[①] Old-Age, Survivors, and Disability Insurance, https://www.ssa.gov/policy/docs/progdesc/sspus/oasdi.pdf.

[②] 2019 OASDI Trustees-Report-Social-Security-Administrations, https://www.ssa.gov/OACT/TR/2019/VI_G2_OASDHI_GDP.html.

[③] Net pension replacement rates, https://data.oecd.org/pension/net-pension-replacement-rates.htm#indicator-chart.

由联邦政府通过提供税收优惠而发起、个人自愿参与的补充养老金计划。美国自愿参加的基金式和私人养老金计划人口，达到了就业人口的40%。[1] 这是一种延迟纳税的个人收入调剂计划，不存在社会性再分配。

美国没有全民统一的医疗保险计划，而是为老年和贫困人口设立了专门的医疗保险计划。其中，老年医疗护理（Medicare）是美国政府创建于1965年，以增加65岁及以上老年人获得高质量医疗保健服务机会的计划。老人医疗保险由联邦政府管理，资格标准各州统一，几乎覆盖了65岁及以上的所有人口，且无需家计调查。唯一要求是此人或配偶工作并缴纳工薪税至少10年。老人医疗护理计划由源自工薪税的强制性住院保险（Hospital Insurance，HI）、自愿缴费参加的补充医疗保险（Supplementary Medical Insurance，SMI）和处方药保险（Prescription Drug Insurance，PDI）三部分组成。其中，补充医保在符合条件老人中参保率达到了92%，处方药保险的参保率为90%以上。[2] 老人医疗保险是美国仅次于养老、遗属和残疾人保险的第二大社保支出项目。2019年，老人医疗保险支出占GDP比例为3.72%，占美国总体医疗支出的21%。[3]

医疗救助计划（Medicaid）创建于1965年，向现金福利项目的受益者提供医疗服务，由联邦政府和州政府共同管理。20

---

[1] Coverage of funded and private pension plans，https：//www.oecd-ilibrary.org/sites/983bdeef-en/index.html?itemId=/content/component/983bdeef-en.

[2] ［美］哈维·S·罗森，特德·盖亚：《财政学》（第十版），中国人民大学出版社2019年版，第172—173页。

[3] National Health Expend Data，https：//www.cms.gov/Research-Statistics-Data-and-Systems/Statistics-Trends-and-Reports/NationalHealthExpendData/NHE-Fact-Sheet#:~:text=NHE%20grew%204.6%25%20to%20%243.8%20trillion%20in%202019%2C，in%202019%2C%20or%2016%20percent%20of%20total%20NHE.

世纪80年代，医疗救助的享受资格放宽，低收入双亲家庭儿童及孕妇都被涵盖其中。1997年，美国颁布国家儿童医疗保险计划（State Children's Health Insurance Program，SCHIP）。各州可自行决定扩大医疗救助计划覆盖面，或为儿童开发新的、独立的保险计划。由于两次大规模放宽资格，医疗救助（含儿童医保计划）受益人数大大增加。1990年仅有2290万人，到2009年达到6240万人。根据最新统计，2021年3月，8169.8万人被医疗救助计划覆盖，其中3871.6万人被纳入儿童医保计划或单独的儿童医保计划，儿童占医疗救助计划比重达48.6%。①

美国的失业保险（Unemployment Insurance，UI）计划是强制性的，由各州负责设立。失业保险的资金来源是工薪税，由雇主缴纳。大多数州失业保险毛替代率为50%左右，且需要缴纳联邦个人所得税。

在救济领域，美国存在数十种以家计调查为基础的救济计划，而其主要特点是实物援助不断增长，现金援助不断下降。如今，美国现金援助占援助总额的18%左右。1935—1996年，美国政府的主要现金福利计划是抚养未成年人家庭的援助（Aid to Families with Dependent Children，AFDC）。该计划的重点救助对象，一般是有未成年子女的单亲家庭。1996年，美国通过新的立法设立了贫困家庭的暂时援助（Temporary Assistance for Needy Families），取代此前的家庭援助计划。新的暂时援助计划，强调了现金补助的临时性，明确时间限制———一般不超过5年，更严格的工作要求。联邦政府对各州固定拨款，各州政府自主控制具体的支出结构和救助对象，及随着家庭收入增加而减少补助的比例。因此，贫困家庭的暂时援助，在美国各州差

---

① March 2021 Medicaid & CHIP Enrollment，https：//www.medicaid.gov/medicaid/program-information/medicaid-and-chip-enrollment-data/report-highlights/index.html.

异很大。

事实上，美国向低收入者进行的最大现金转移支持计划不是通过福利机构实施的，而是通过税收制度实现的，即所谓的"税式支出"。劳动税收减免（Earned Income Tax Credit，EITC）是对在职穷人的收入补助。它与贫困家庭临时援助制度相同，将福利与工作挂钩。实证文献表明，劳动所得税收抵免一定程度上鼓励低收入单身母亲加入劳动市场。

美国自1972年起，还为老年贫困者、盲人和伤残者提供了补充性保障收入（Supplemental Security Income，SSI）。联邦政府对补充性保障收入设定了最低保障额。2021年1月起，个人月平均补助为794美元，夫妇为1191美元。① 补充性保障收入对增加收入课征的隐形税率为50%，对受助者工作激励较大。

补充营养援助计划（Supplemental Nutrition Assistance Program，SNAP）也是美国针对贫困者的一种救济。② 其成本由联邦政府负担，各州负责管理。自2021年10月1日起，个人平均每月补助增至250美元，四口之家补助增至835美元。③ 目前超过4200万人有资格获得此项援助。

住房补贴是美国自1937年开始向穷人发放的补贴。公共住房是由地方政府（市、县或几个县组成的联合体）负责开发、所有和经营的，联邦政府提供部分补贴。但公共住房数量极少，仅120万套，难以满足高达4600万贫困人口的需求。因此，20

---

① SSI Benefits – Social Security Administration，https：//www.ssa.gov/ssi/text – benefits – ussi.htm.

② 即此前的食品券计划（Food Stamp Program），至今美国主流媒体、学者等仍将补充营养援助计划称为食品券计划。为降低贫困家庭参与此项计划的耻辱感，美国通过EBT卡，即类似信用卡形式发放此项仅可用于食品的援助。

③ SNAP Eligibility | USDA – FNS，https：//www.fns.usda.gov/snap/recipient/eligibility.

世纪80年代美国又推出了住房代金券计划。多年来，该计划使得300万低收入家庭可在私人市场上寻找住房，并有可能得到更好的居住场所。

补充营养援助计划和住房补贴，都是以促进消费为目的的社会福利项目。根据美国学者估算，救助者对补充营养计划救济的额度估计为其券面价值的80%。因此，美国贫困救济更多地在于保障穷人的基本收入和消费，而非增加他们的资产储蓄、投资和积累。换言之，救济能够维持支出和消费，消费往往促进资产储蓄、投资和积累，资产积累却越来越向少数资产所有者倾斜。

美国的社会再分配体系虽然比较完整（如医疗保险外），但力度欠缺，处处体现"小政府"的理念。2019年，美国老年、遗属及残疾人保险（OASDI）占GDP的比重是4.9%，医疗护理—住院保险及补充医疗保险占GDP的3.72%，医疗救助（Medicaid，含SCHIP，国家儿童医疗保险计划）占比仅为2.83%。

（二）联邦税收结构和税式支出

美国的税收制度非常复杂，存在联邦与州的两级别税收制度。根据经合组织统计数据（见表1-2），美国联邦税收结构的主要特点是，高度依赖个人所得税和工薪社保税，企业利润税占比很低。而与此同时，美国主要流向个人的税式支出规模庞大。

美国近年来人均GDP和人均收入均呈缓慢增长态势，但是各项税收占GDP比重均不同程度呈下降态势。其中，总税收占国内生产总值的比率从2000年的28.3%下降到2018年的24.3%，到2019年为24.47%。个人所得税降幅较小，从2000年占GDP比重的11.994%降至2019年的10.143%，社保税也从6.6%降至6.1%，而企业利润税占GDP比重相应地从

2.24%降至0.957%。也就是说，美国税收的66%源自以个人为征税对象的税种，该比重显著高于经济合作与发展组织成员国的平均水平。

表1-2　　　　　　　美国主要税种占GDP比重（%）

年份 项目	2000年	2013年	2015年	2016年	2017年	2018年	2019年
社保缴费	6.663	6.137	6.171	6.155	6.168	6.066	6.101
个人所得税	11.944	9.914	10.571	10.387	10.422	10.037	10.143
工资税	—	0.009	0.010	0.010	0.010	0.011	0.011
企业利润税	2.24	2.099	2.113	1.949	1.566	0.998	0.957
财产税	2.922	2.998	2.958	3.009	4.352	2.997	2.958
总税收	28.29	25.57	26.18	25.81	26.74	24.41	24.47

数据来源：https：//data.oecd.org/tax/tax-revenue.htm#indicator-chart。

美国的税收制度，极大地限制了工薪阶层的逃税能力。美国针对工薪阶层的w-2表格，覆盖了工薪阶层超过90%的收入。而相关研究显示，财富水平后50%的美国人未报税收入占真实收入7%，而最富有1%的相应比例达到21%，最富有的0.1%群体的相应比重为66%以上。[①]

美国的税收制度为大企业的减税和避税提供了合法途径。同时，大企业一直设法推动税法修改来避税。如2017年，《减税与就业法案》将公司所得税税率从35%降到21%。但很多公司的实际税率远低于此。以亚马逊公司为例，2020年新冠肺炎疫情期间其利润飙升至200亿美元，但仅为其利润的9.4%缴纳了企业利润税。2020财年，至少55家大企业没有缴纳税收，反而享受了高达120亿美元的税收减免，其中包括85亿美元的

[①] John Guyton (ed.), "Tax Evasion at the Top of the Income Distribution: Theory and Evidence", Social Science Electronic Publishing.

（合法）避税和 35 亿美元的退税。①

此外，根据联邦税法，联邦政府对某些负有纳税义务的组织和个人给予的特别免税、豁免缴税或减税，或提供特殊的信贷、优惠税率或延期纳税义务等，都是税式支出。换言之，是联邦政府以减少税收收入形式进行的政府财政支出。② 税式支出占联邦预算的很大一部分，2020 年 11 月，美国税收联合委员会发布的报告显示，2020 财年的税式支出总额接近 1.8 万亿美元。

美国税式支出的受益者主要是中高收入阶层和拥有财富最多的群体。因为个人的纳税等级越高，被扣除、免除或排除的税收优惠就越大。以 2019 财年为例，58% 的税式支出流向了全美收入前 20% 的家庭，24% 的税式支出被全美收入前 1% 的家庭所享有。③

总之，美国的再分配体系将其个人主义、自由主义和有限政府的价值观演绎到了极致。一方面，美国直接福利转移支付的财源主要源自工薪阶层自身，其贫困救济基于补缺和满足基本需求、促进穷人消费的宗旨，所能发挥的减贫作用很弱。另一方面，应在社会再分配中发挥重要作用的税收体系，又在美国很大程度上表现出了对资本和富人的大力度倾斜。

---

① Matthew Gardner and Steve Wamhoff, "55 Corporations Paid MYMO in Federal Taxes on 2020 Profits", https://itep.org/55-profitable-corporations-zero-corporate-tax/.
② 魏南枝:《新冠肺炎疫情下的美国收入分配制度分析》，《世界社会主义研究》2021 年第 6 期。
③ Ward Williams, "Why Do We Spend So Much Federal Tax Money on the Rich in the US?" https://bettertomorrowfinancial.com/2020/04/29/why-do-we-spend-so-much-federal-tax-money-on-the-rich-in-the-us/.

四　第三次分配制度体系

第三次分配，主要由各阶层在自愿基础上，以募集、捐赠和资助等慈善公益方式对社会资源和社会财富进行分配，是对初次分配和再分配的有益补充，有利于缩小社会差距，实现更合理的收入分配。

1601年，英国议会通过了《济贫法》和《英格兰慈善用途法规》，对强制征税的财产种类，以及捐赠对象做了详细界定。自此，慈善事业开始了在英国的世俗化历程。17世纪中期，这一新事物跟随早期殖民者来到了北美，开始从慈善救济向社会公益事业发展。到19世纪后半叶，美国资本主义飞速发展，社会财富极速增长。从1870年至1892年间，百万富翁的人数从100位增加至4000多位。受到旧大陆慈善文化影响的很多美国新富，选择将巨额财富捐赠出去，或建造大学，或建立图书馆、医院和博物馆等公共服务机构。正如美国社会科学协会（1865）创始成员之一，丹尼尔·科伊特·吉尔曼（Daniel Coit Gilman）所主张的那样，新慈善事业并非暂时性地解决贫困群体的问题，其最高目标是寻找贫困的根源，是不断增强美国的国力，乃至于促进人类进步。[1] 这也正是20世纪以来美国慈善事业的发展方向。

"贫富不均、文化有别的美国人……已经学会了把市场利润和市场方法转变为慈善业强有力的推动力，其足以影响历史的进程"。[2] 美国人将自身的"利益"回报回馈社会时怀着从中受益的动机，投资海外的美国慈善业也不例外。尤其以21世纪的

---

[1] ［美］奥利维尔·聪茨：《美国慈善史》，杨敏译，上海财经大学出版社2016年版，第2页。

[2] ［美］奥利维尔·聪茨：《美国慈善史》，杨敏译，上海财经大学出版社2016年版，第170页。

所谓营利的"新公益"的模式兴起为代表。因此,美国慈善业是利他与利己的辩证结合,是捐赠和投资的联合体。

如今,美国拥有全世界最为庞大的慈善组织主体规模,且在国内享有很高的公信力。2019年,美国有154万个公益慈善组织。美国公益慈善组织的主体是符合美国联邦法律《国内税收法典》501(c)(3)条款的公共慈善机构(public charities)和私立基金会(private foundations),且在美国民众中享有比政府和工商企业更高的信任度。符合《国内税收法典》501(c)(3)条款的公益慈善组织及其捐款人可豁免联邦所得税——这很大程度上是成就美国世界第一大慈善国地位的主要制度因素。

美国公益慈善组织的经费主要源于普通民众的现金和实物捐赠。2018年美国慈善捐赠占其国内生产总值的2.1%,为其股票市值的三分之一。2019年,最大的慈善捐赠来自个人捐赠,达3096.6亿美元,占捐赠总额的69%。其他慈善捐赠来源包括基金会捐赠(756.9亿美元/占美国捐赠总额的17%)、遗赠(432.1亿美元/10%)和企业捐赠(210.9亿美元/5%)。大约90%的高净资产家庭有捐赠行为。2017年,来自高净资产家庭的捐赠者向慈善机构平均捐赠29269美元,普通家庭平均捐赠2514美元。2018年慈善捐赠占美国国内生产总值的2.1%,并达到其股票市值的三分之一。[①]

必须再次强调的是,美国规模庞大的公益慈善事业并非是一种以对抗贫困为其单一目标的均贫富机制,济贫仅为其中很小的一部分支出内容。根据501(c)(3)款规定,美国的公益慈善组织是指那些任何完全致力于宗教、慈善、科学、公共安全测试、文学、教育、促进国家和国际业余竞技体育比赛、预

---

① Giving USA 2020, https://givingusa.org/giving-usa-2020-charitable-giving-showed-solid-growth-climbing-to-449-64-billion-in-2019-one-of-the-highest-years-for-giving-on-record/.

防虐待儿童和动物等事业的法人机构、社区福利基金、基金会（或基金）。它们更多地是为满足全社会的宗教、教育、科研、艺术、健康、环保、和平等多元发展需求而设立的。2019年，美国大部分慈善资金用于宗教（29%）、教育（14%）、人类服务（12%）、资助型基金会（12%）和健康（9%）。其中，相较于2018年，捐赠增长率达到了两位数的领域有教育（12.1%），公共社会福利（13.1%），艺术、文化和人文学科（12.6%），环境和动物组织（11.3%）。

美国在联邦、州和地方三个层面形成了完备的公益慈善事业监管体系。《美利坚合众国宪法》为该体系的法治基础，而《国内税收法典》为该体系的"基本法"。主要监管方向是公益慈善组织的公信力、募资和资金使用情况。联邦层面的主要机构是联邦税务局的免税组织与政府机构司（Tax Exempt and Government Entities Division，TE/GE）。联邦税务局的监管方式除传统审计和审查外，还有利用档案数据和公开信息进行综合性追踪比较。州政府对公益慈善组织的监管工作并不偏重于"管"，而是偏重于提供各种帮助和信息服务，偏重于对各种组织的理事会成员进行法定责权的教育。州政府与公益慈善组织的关系则是慈善组织的"理事会管理、（州）首席检察官执法"（Board governs, Attorney General enforces）。地方政府的角色则侧重于募捐管理和活动管理等。可见，公益慈善组织在美国法律框架内享有极大的自由。①

值得注意的是，对于不同公益领域，又有专业对口的机构进行监督。如卫生和公众服务部（Department of Health and Human Service，HHS）、医疗资源与服务管理局（HRSA）、公共医疗计划中心（CMS）和美国食品药品监督管理局（FDA），都有

---

① 参见徐彤武《美国政府对公益慈善事业的管理及启示》，《2011年美国问题研究报告》，社会科学文献出版社2012年版。

依法对从事非营利医疗保健事业的公益慈善组织进行监管的职责。

总之,美国的个人主义、自由主义和有限政府价值观,也在其公益慈善事业的募捐、资金使用和监管中体现得淋漓尽致。因此,公益慈善事业在美国被视为独立于政府和超越市场的"第三方部门",具有突出的"独立性"和所谓"公民性"。它们凭借雄厚物质资源和社会资本,从其独立于政府和超越市场的角色出发,一定程度上发挥了修复"市场失灵"造成的损害,弥补"有限政府"公共服务缺失的作用。

美国公益慈善组织的蓬勃发展,是其几百年来资本主义制度自我调整、自我完善的一个重要方面,也是美国精英权势阶层,如通过标榜非意识形态和政治中立的福特基金会、洛克菲勒基金会和卡内基基金会等,实现社会控制,维护美国全球战略利益的重要手段。

五 总体评价

近年来,美国经济增长和就业率均在经合组织国家中居于前列,而贫富差距也居于前列。这与其初次分配中资本所得和劳动所得的比例严重失衡密切相关。

美国再分配体系构建的价值观基础,是突出的个人主义、放任自由和有限政府理念。社会保障等直接福利转移支付的财源主要源自工薪阶层自身,贫困救济机制基于补缺和满足基本需求、促进穷人消费的宗旨,所能发挥的减贫作用很弱。同时,应在社会再分配中发挥重要作用的税收体系天平,又大幅度向资本和富人倾斜。

由于美国的社会保障等再分配机制并未从根本上改善收入不平等问题,也未有效减缓"中产阶级"萎缩的趋势,其庞大的公益慈善事业的第三次分配作用往往被给予厚望。但事实表明，在美国享有极高独立性的、几近全民参与的公益慈善事业并非是一种均贫富机制，而更多地以引导和塑造经济政治生活进程，促进社会全方位发展和进步，保持美国持久竞争力和世界领先地位为其最高目标。

换言之，以个人主义、自由主义和有限政府为其核心价值观而构建的美国三次分配体系，是其数十年来保持对资本强大吸引力并维持其资本主义经济活力的重要原因之一。当然，这也是其贫富分化远比欧洲国家严重的最主要原因。

南　美[*]

一　基本情况

20世纪70年代以来，南美国家陆续推进了工业化进程，带动收入水平持续上升，地区各国均迈入中等收入阶段。然而，受80年代债务危机影响，地区各国启动新自由主义改革，在资源禀赋和比较优势的驱动下，逐步形成了以大宗商品为中心的产业布局模式，经济的外部脆弱性和波动性增强，经济政策的独立性下降，这使其经济增长和减贫绩效出现波动，地区各国财富分配的极化现象未发生根本改变。整体而言，以发展水平、财富的创造能力、现实差距和共享程度来衡量，南美各国呈现出明显的"财富失衡"现象，距离共同富裕仍有较大差距。

按照联合国开发计划署的测算，南美国家处于全球中等偏上的人类发展位置（见表2-1）。南美地区HDI及预期寿命和平均受教育年限两项分指标的均值，均高于世界均值和发展中国家的平均水平；人均GNP高于发展中国家平均水平，但低于世界均值；HDI与各分指标均距OECD发达经济体有较大差距。因此，就整体发展水平而言，南美国家大体处于全球中高水平，较高的预期寿命反映了地区医疗服务、环境、教育和其他生活

---

[*] 本章执笔人：中国社会科学院拉丁美洲研究所柴瑜、岳云霞、何丙姿。

质量水平相对领先，但经济发展水平略显滞后，地区"幸福感"高于财富水平。

表 2-1　　南美国家人类发展指数情况（2019 年）

排名	国家	指数值	预期寿命	平均受教育年限	人均 GNP（美元，2017 PPP）
极高人类发展水平					
43	智利	0.851	80.2	10.6	23,261
46	阿根廷	0.845	76.7	10.9	21,190
55	乌拉圭	0.817	77.9	8.9	20,064
高人类发展水平					
79	秘鲁	0.777	76.7	9.7	12,252
83	哥伦比亚	0.767	77.3	8.5	14,257
84	巴西	0.765	75.9	8.0	14,263
86	厄瓜多尔	0.759	77.0	8.9	11,044
97	苏里南	0.738	71.7	9.3	14,324
103	巴拉圭	0.728	74.3	8.5	12,224
107	玻利维亚	0.718	71.5	9.0	8,554
113	委内瑞拉	0.711	72.1	10.3	7,045
中等人类发展水平					
122	圭亚那	0.682	69.9	8.5	9,455
	南美国家均值	0.763	75.1	9.3	13,994
	发展中国家均值	0.689	71.3	7.5	10,583
	OECD 均值	0.900	80.4	12.0	44,967
	世界均值	0.737	72.8	8.5	16,734

数据来源：UNDP，2020 Human Development Report（HDR）。

就人均财富绝对值而言，南美各国均处于中等收入水平之上。南美地区的人均 GDP 近 7700 美元，在新兴市场和发展中国家中相对领先。依据世界银行对收入阶段的划分，南美 12 国中，乌拉圭和智利已进入高收入阶段，玻利维亚和委内瑞拉处于下中等收入阶段，其余8国均处于上中等收入阶段（见图2-1）。相比而言，除了人均GDP相对较低的后两国外，其余南美国家均超出了世界中位数水平，人均财富的创造能力强有利于"富裕"目标的实现。

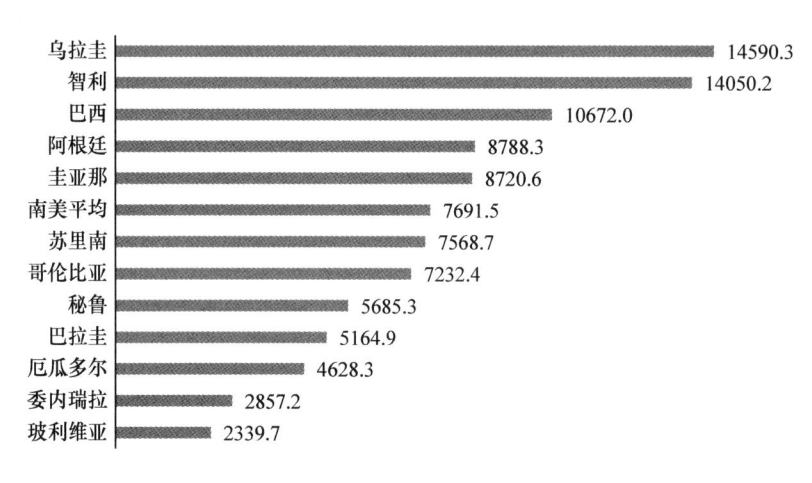

国家	人均GDP
乌拉圭	14590.3
智利	14050.2
巴西	10672.0
阿根廷	8788.3
圭亚那	8720.6
南美平均	7691.5
苏里南	7568.7
哥伦比亚	7232.4
秘鲁	5685.3
巴拉圭	5164.9
厄瓜多尔	4628.3
委内瑞拉	2857.2
玻利维亚	2339.7

图2-1 南美国家的人均GDP（2020年，美元）

数据来源：CEPALSTAT。

就各收入阶层分布而言，南美国家中低收入人群的占比偏高。南美地区民粹主义盛行，特别是21世纪初期左翼政府执政周期与"大宗商品超级周期"相叠加，较高的社会支出推动了人口社会结构的变化，欧睿国际（EURO International）数据显示，以相对收入衡量，南美地区的中产家庭在绝对数量上与在家庭总数中所占的份额都在不断扩大。[①] 在国家层面，世界银行与拉美经济社会统计数据库（SEDLAC）统计显示，以绝对收入衡量，截至2017年，阿根廷、智利、乌拉圭等南美国家的中产阶层的占比已经过半，其他南美国家的中等阶层占比也超出了

---

① "中产家庭"存在多种定义，欧睿国际采用相对衡量指标，将"中产家庭"定义为收入中位数介于75%—125%之间的家庭。

30%（见图2-2）。然而，相对于稳定的"橄榄型社会"所要求的中产收入阶层占比60%以上，南美多数国家尚存在一定差距。同时，南美国家的贫困和绝对贫困现象并未消除，乌拉圭和智利等高收入国家中尚存在赤贫人口，哥伦比亚和玻利维亚的赤贫人口比例超出10%，厄瓜多尔、阿根廷、玻利维亚和哥伦比亚的贫困人口占到了总人口的1/4以上（见图2-3）。由此，南美国家距实现共同富裕存在现实差距。

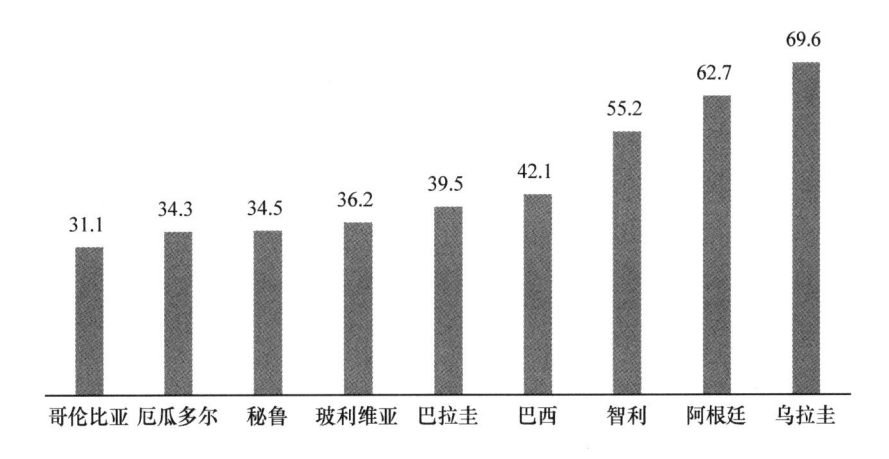

图2-2 南美中产阶层占比（%）

注：中产阶层的标准采用世界银行与CEDLAS标准，即人均日收入为13—70美元（以2011年购买力平价核算）。

数据来源：Socio-Economic Database for Latin America and the Caribbean（CEDLAS and The World Bank）。

就财富分配而言，南美国家呈现出明显极化现象。21世纪初期以来，南美经济出现相对稳定而持续的增长，收入差距有所收敛，但该地区仍是全球收入最不平等的地区之一。以基尼系数衡量，除了乌拉圭的指标值略低于0.4以外，拉美多数国家的指标值在0.4—0.5之间，收入差距较大；哥伦比亚和巴西的指标值甚至大于0.5，收入差距悬殊。以收入最高与最低10%人群的人均收入之比衡量，巴西的指标值高达40倍，厄瓜多尔、哥伦比亚、巴拉圭和玻利维亚的指标值超过20倍，阿根

40 国家智库报告

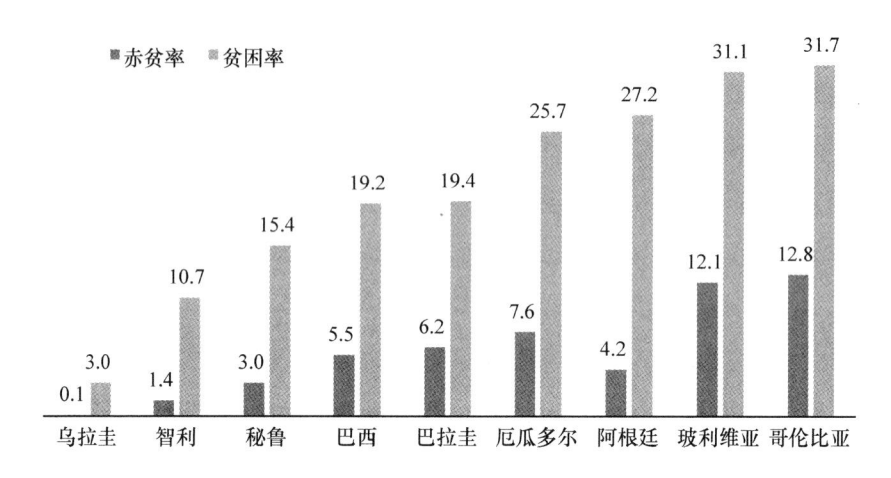

图 2-3 南美国家的贫困率（2019 年）

数据来源：ECLAC, Social Panorama of Latin America, 2020。

廷、秘鲁、委内瑞拉和智利的指标值也超过了 15 倍，仅有乌拉圭的指标值略高于 12 倍（见图 2-4）。因此，多数南美国家未能充分实现财富的社会共享，无法满足共同富裕标准。

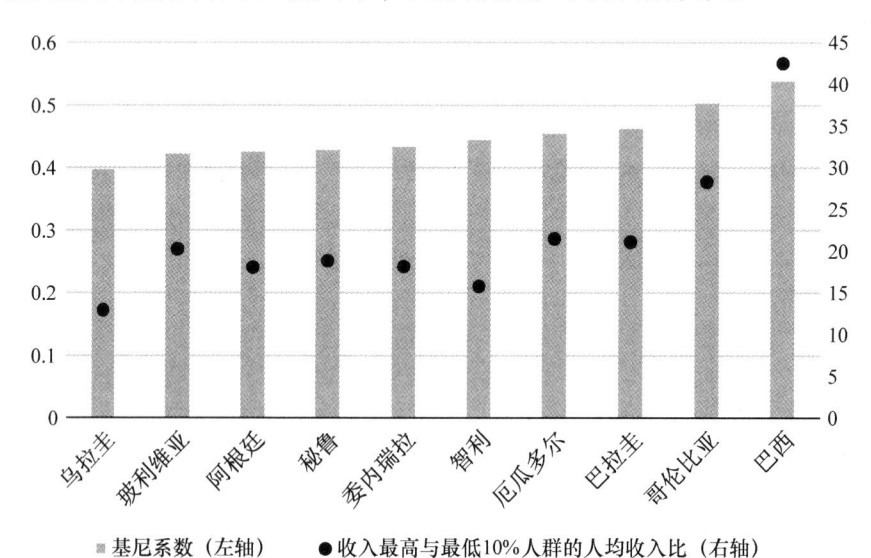

图 2-4 南美国家的收入差距

注：均为各国数据可获的最近年份。

数据来源：CEPALSTAT。

可以看到，南美各国社会发展水平相对较高，但各国尚未能实现惠及全社会的共同富裕，且地区国家间存在发展进程的差异。乌拉圭趋近于实现共同富裕，智利仍存在"富而不同"问题，阿根廷取得了较高的社会发展成就，但在财富的总量和分配方面发展滞后，其他国家则面临程度不等的财富增长与共享挑战，需要在消除贫困和扩大收入方面持续发力。

二 推进共同富裕的南美政策及其效果

共同富裕是人的全面发展和社会全面进步，南美国家的社会发展领先于经济发展，而后者的突出问题体现为财富实现与分配差距。因此，在推进共同富裕方面，南美国家相关政策着重体现为与其收入结构相匹配的收入增加与分配公平化的努力。

南美各国的主要的收入来源包括劳动收入、转移性收入、养老金收入、财产性收入和其他非劳动收入五部分内容（见表2-2）。收入构成呈现出结构性特征。世界银行的"拉美平等实验室"数据显示，劳动收入是各收入阶层的主收入来源，在南美主要国家平均占到了收入的2/3左右，尤其是在处于收入五分位第二、第三、第四的中等收入阶层中，劳动收入的平均占比接近70%，玻利维亚、哥伦比亚、巴拉圭和秘鲁等国则近乎80%。以侨汇为主的其他非劳动收入是具有南美地区特色的第二大收入来源，平均占到了地区主要国家收入的16%，尤其在最低收入人群中，占比平均高达20%，在智利、巴拉圭和秘鲁的占比甚至超出20%。养老金收入平均占南美国家收入的9%，智利、乌拉圭、巴西和阿根廷等中高收入国家的养老金收入占比明显超出了平均水平，而该项收入的分布还与收入水平明显正相关，在收入中高和高人群中平均比例为10%和12%。转移性收入平均占南美国家收入的7%，其分布与收入水平明显负相关，在收入第一个和第二个五分位人群中，是第三大收入

表2-2　南美国家的收入来源

	阿根廷	玻利维亚	巴西	智利	哥伦比亚	厄瓜多尔	巴拉圭	秘鲁	乌拉圭
收入的第一个五分位（低收入）									
劳动收入	54%	74%	56%	58%	68%	62%	58%	65%	57%
转移性收入	16%	8%	18%	11%	16%	21%	14%	7%	16%
养老金收入	10%	7%	8%	9%	1%	2%	4%	3%	9%
财产性收入	0%	0%	0%	0%	1%	0%	0%	0%	0%
其他非劳动收入	20%	11%	17%	22%	16%	15%	25%	24%	18%
收入的第二个五分位（中低收入）									
劳动收入	64%	80%	63%	61%	77%	68%	71%	73%	63%
转移性收入	6%	6%	8%	6%	8%	12%	8%	5%	6%
养老金收入	11%	4%	14%	11%	2%	2%	3%	2%	14%
财产性收入	0%	1%	0%	0%	1%	0%	0%	1%	0%
其他非劳动收入	18%	10%	14%	21%	12%	17%	18%	19%	16%
收入的第三个五分位（中等收入）									
劳动收入	61%	79%	63%	63%	78%	69%	75%	74%	61%
转移性收入	4%	6%	5%	4%	6%	9%	6%	4%	4%
养老金收入	15%	5%	18%	12%	4%	3%	3%	3%	18%
财产性收入	1%	1%	1%	1%	1%	1%	0%	1%	1%
其他非劳动收入	20%	10%	14%	20%	11%	18%	15%	18%	16%

续表

	阿根廷	玻利维亚	巴西	智利	哥伦比亚	厄瓜多尔	巴拉圭	秘鲁	乌拉圭
收入的第四个五分位（中高收入）									
劳动收入	59%	79%	61%	66%	76%	67%	78%	74%	62%
转移性收入	3%	4%	3%	3%	4%	7%	4%	4%	3%
养老金收入	17%	5%	19%	11%	7%	4%	3%	3%	18%
财产性收入	1%	2%	1%	1%	2%	1%	1%	1%	1%
其他非劳动收入	21%	10%	16%	19%	11%	21%	13%	17%	16%
收入的第五个五分位（高收入）									
劳动收入	58%	72%	62%	75%	71%	60%	76%	70%	59%
转移性收入	1%	4%	1%	2%	2%	4%	3%	3%	2%
养老金收入	18%	8%	18%	7%	12%	12%	6%	5%	20%
财产性收入	4%	4%	3%	4%	6%	4%	3%	4%	4%
其他非劳动收入	19%	12%	16%	13%	9%	21%	13%	17%	15%

注：智利为2017年数据，其余均为2019年数据；阿根廷为城市数据，其余均为全国数据。

数据来源：World Bank, LAC Equity Lab: Income Inequality – Composition by Quintile。

来源。财产性收入平均占南美收入的1%，主要由各国中高以上收入人群占有。

基于收入分配的结构，拉美促进共同富裕政策在收入的初次分配、再分配和三次分配以及社会公共政策调整方面均有所体现，并呈现出了不同的政策效果。

（一）初次分配

21世纪初期，得益于国际市场大宗商品价格的改善，南美国家收入上升，多数国家开始实施更为积极的劳动政策，从就业结构、税收结构、最低工资制度和工资集体谈判机制等方面对劳动收入产生影响。

1. 就业政策

南美国家的就业政策集中体现为三类。一是通过调整就业结构，扩大服务业比例，稳定和新增就业岗位，扩大劳动收入规模；二是加大劳动保护，促进劳动市场的正规化，扩大工资收入的在劳动收入中比例，提高劳动收入的稳定性；三是劳动技能提升政策，降低高技能和低技能工人之间的工资差距，推动初次分配的公平化。

得益于上述政策，南美国家在劳动力市场领域一度取得了明显进展。2000年至2015年，南美所有国家的失业率都稳步下降，阿根廷、巴西、哥伦比亚和乌拉圭等国的失业率甚至减半，就业率则出现了同步上升。这使得地区在职贫困人口规模缩减了一半以上，大多数国家的收入不平等现象急剧下降。[1] 但是，2015年之后，南美多数国家陷入长期经济失速，地区劳动力市场的指标出现反弹，失业率回升，部分国家的贫困率也有所回

---

[1] Escudero, V., López Mourelo, E. and Pignatti, C., "What Works Active Labour Market Policies in Latin America and the Caribbean", *Studies on Growth with Equity*, 2016.

升（见图2-5）。而新冠肺炎疫情的暴发更是导致就业的急剧萎缩和贫困率的急速扩张。

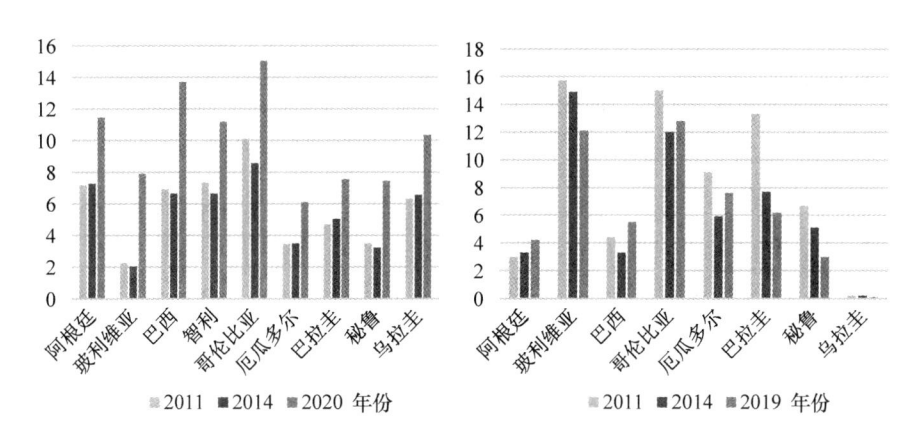

图2-5 主要南美国家失业率（左图）和贫困率（右图）变化
数据来源：失业率数据来自ILOSTAT；贫困率数据来自CEPALSTAT。

2. 税收政策

南美国家的初次分配主要依赖增值税和消费税两大税种。2019年，两大税种占到了年税收总额的47.9%，高于OECD国家32.4%的平均水平（见表2-3）。其中，增值税是南美国家最大的税种，其平均贡献为29.58%，在智利、秘鲁和巴拉圭甚至超出了35%，高于拉美地区和OECD的平均值。消费税平均为18.34%，远高于OECD的平均水平。与这两大税种相比，用于再分配的个人税、企业税平均占比分别为7.37%和16.06%，社会保障税为18.91%，特别是用于调整高收入人群收入的财产税仅为4.4%，均远低于OECD国家的平均水平。

南美国家的税收结构使其税收的稳定性和收入调节功能都相对较弱。据OECD统计，近十年来，伴随经济增长在2014年之后的长期低迷，多数南美国家的税收占GDP的比例在2015年前后达到近年峰值，而后有所滑落。2010—2019年，税收增长趋势相对稳定的国家仅有巴西、智利、圭亚那和乌拉圭。同时，地区税收占GDP的平均比重始终低于25%，委内瑞拉、巴拉

表2-3 南美国家的税收结构（2019）

国家	个人税	企业税	无法在个人和企业之间分配的税收	社会保障税	财产税	增值税	增值税之外的消费税	其他
阿根廷	7.07%	9.64%	1.25%	19.95%	9.14%	24.95%	27.28%	0.73%
玻利维亚	0.74%	15.53%	0.00%	25.08%	0.75%	29.22%	19.77%	8.91%
巴西	9.17%	8.64%	4.59%	25.71%	4.61%	21.18%	21.65%	4.45%
智利	7.17%	23.41%	4.27%	7.31%	5.41%	39.88%	13.18%	-0.62%
哥伦比亚	6.17%	24.47%	1.66%	9.51%	9.08%	29.63%	13.31%	6.17%
厄瓜多尔	0.91%	6.05%	14.65%	27.13%	1.59%	30.26%	19.31%	0.10%
圭亚那	14.09%	23.32%	0.36%	9.48%	1.97%	21.05%	28.88%	0.86%
巴拉圭	1.88%	16.37%	0.00%	26.45%	1.34%	35.73%	17.62%	0.61%
秘鲁	11.52%	23.02%	2.00%	12.08%	2.39%	38.45%	8.73%	1.81%
乌拉圭	14.97%	10.12%	1.05%	26.43%	7.70%	25.43%	13.69%	0.62%
拉美地区	8.86%	15.46%	2.73%	17.13%	3.83%	27.74%	22.02%	2.23%
OECD	23.96%	9.55%	0.85%	25.71%	5.62%	20.45%	11.80%	2.05%

数据来源：https://taxfoundation.org/latin-american-tax-revenue-caribbean-tax-revenue/。

圭、秘鲁等国甚至仅为15%左右。相比而言，OECD国家同期的税收占GDP比重大体在1/3左右，而南美地区仅有巴西大体能实现这一水平（见表2-4）。可见，多数南美国家的税收不足，在收入分配的调节方面发挥的功能也相对有限。

表2-4　　　　　　南美国家的税收占GDP比重（%）

	2010年	2011年	2012年	2013年	2014年	2015年	2016年	2017年	2018年	2019年
智利	19.6	21.1	21.3	19.9	19.6	20.4	20.1	20.2	21.1	20.7
哥伦比亚	18.1	18.9	19.7	20.0	19.6	19.9	19.1	19.0	19.3	19.7
阿根廷	29.1	29.3	30.6	31.2	31.1	31.5	30.7	30.0	28.9	28.6
玻利维亚	22.9	25.1	25.9	26.7	27.9	29.5	27.9	25.9	25.0	24.7
巴西	32.4	33.3	32.5	32.5	31.8	32.0	32.2	32.3	33.2	33.1
厄瓜多尔	16.0	17.6	19.7	19.5	19.2	21.3	19.9	19.9	20.7	20.1
圭亚那	16.0	16.4	15.8	16.4	17.8	18.1	18.4	19.5	22.2	23.2
巴拉圭	12.1	12.9	13.4	12.7	13.9	13.7	13.4	14.0	13.8	13.9
秘鲁	17.8	18.4	19.0	18.9	19.2	17.4	16.2	15.3	16.5	16.6
乌拉圭	26.3	26.7	27.0	27.5	27.4	27.4	27.8	29.0	29.2	29.0
委内瑞拉	11.8	13.4	14.1	14.4	—	—	—	—	—	—
南美平均	20.2	21.2	21.7	21.8	22.7	23.1	22.6	22.5	23.0	23.0
OECD平均	31.9	32.2	32.7	33.0	33.2	33.3	34.0	33.7	33.9	33.8

数据来源：https://taxfoundation.org/latin-american-tax-revenue-caribbean-tax-revenue/。

3. 最低工资计划

最低工资制度起步于19世纪末，国际劳工组织先后于1928年、1951年和1970年制定了26号、99号和131号三个有关最低工资的公约和30号、89号和135号三个建议书。与全球发展相适应，南美国家从20世纪初开始逐步建立最低工资制度，目前该项制度已覆盖地区所有国家。

近十年来，为了保护工人免受最低工资的影响，并减少较低收入阶层的工资不平等，南美多数国家不断提升最低工资水平。联合国拉美经委会数据显示，除了委内瑞拉出现下降外，其他南美国家的最低工资指数都保持了总体增长态势。从增长幅度来看，多数南美国家最低工资的增幅高于世界工资的平均增速，其中，玻利维亚和乌拉圭的最低工资增速最快，年均增幅分别达到了8.8%和7.6%；智利、秘鲁和厄瓜多尔的年均增幅高于3%，与全球新兴经济体水平大体一致；巴西和哥伦比亚最低工资的年均增幅在1.5%左右，乌拉圭则为0.3%，与发达经济体的水平相当（见表2-5）。

表2-5　　　　　　　　　南美国家的平均最低工资指数

	2010年	2011年	2012年	2013年	2014年	2015年	2016年	2017年	2018年	2019年
阿根廷	321.3	364.4	—	—	—	—	—	—	—	—
玻利维亚	119.9	130.9	144.0	174.4	197.8	218.6	229.9	247.8	249.5	252.4
巴西	182.1	182.1	197.5	202.7	203.6	203.3	208.7	214.8	211.0	212.7
智利	127.7	129.8	133.5	139.9	145.3	149.1	156.5	161.2	165.0	171.7
哥伦比亚	115.2	115.9	118.8	121.2	123.1	122.6	122.0	125.2	128.4	131.5
厄瓜多尔	161.7	170.2	179.1	190.0	196.1	196.4	199.6	203.7	210.1	213.9
巴拉圭	102.5	105.2	103.9	101.2	104.3	102.7	99.3	104.6	104.3	105.2
秘鲁	110.1	120.7	133.6	135.6	131.4	126.9	133.3	135.0	142.6	142.7
乌拉圭	196.8	227.7	252.8	256.1	166.1	273.3	277.5	287.8	292.7	303.4
委内瑞拉	93.8	89.9	91.2	84.2	76.5	66.3	78.3	93.6	42.5	27.3

注：2000年=100。
数据来源：CEPALSTAT。

4. 工资集体谈判机制

运作良好的集体谈判机制，有助于确保工薪阶层公平分享发展成果，并减少不平等。最低工资也可以通过集体谈判来确定。此外，集体谈判可以通过促进公平的工资结构以及包容性劳动力市场的其他属性，包括平等待遇、雇员参与和技能开发，产生更广泛的平等诱导效应。发达国家的经验证据表明，在集体协议涵盖大量工人的国家，不平等程度往往较低。

南美国家中，仅有乌拉圭和阿根廷建立了相对稳定的工资集体谈判制度。① 在乌拉圭，家政工人单一工会（SUTD）与家庭主妇、消费者和用户联盟参与集体谈判。② 在2008年的工资委员会的会议上，除了就工资问题达成一致外，各方还承诺共同努力提高公众意识；设立年资奖金；设计措施以创造有尊严的工作条件，严禁性骚扰；并要求在工人工作时间减少时支付部分解雇费（第670/008号法令）。在2013年会议上，不仅设立了全勤奖金，工资委员会也同意定义该部门工作性质和雇佣合同。在阿根廷，全国私人家庭就业委员会于2015年9月成立，工会组织、雇主组织和劳工部在该委员会就工资进行集中谈判。

玻利维亚近年来也开展了促进社会对话和集体谈判的活动。自2013年以来，在劳工、就业和社会保护部、玻利维亚家庭主妇联盟和玻利维亚全国有薪家庭工人联合会（FENATRAHOB）的代表的参与下，组织了三方圆桌会议，制定了个人就业合同（CIT）和工资、社会保障和职业安全手册（LSySST）。他们还组织了一项关于结社自由和集体谈判的研究，其目的是为制定三方行动路线提供基线信息。③

---

① https：//www.ilo.org/wcmsp5/groups/public/ - - - americas/ - - - ro - lima/documents/publication/wcms_ 534457. pdf.

② Bastidas，M. (2014). Organización de las trabajadoras de hogar en las Américas. Buenas prácticas y desafíos en función de Convenio N° 189 de la OIT. Turin：ILO.

③ Lexartza, L., Chaves, Maria J. and Carcedo, A., "Policies to Formalize Paid Domestic Work in Latin America and the Caribbean", Lima：ILO, *Regional Office for Latin America and the Caribbean*, 2016.

(二) 社会再分配

除了个人所得税、企业所得税、财产税等税收外，南美国家的社会再分配政策主要体现为社会保障政策和转移支付政策。

1. 社会保障

自20世纪90年代起，南美国家启动了结构性养老金改革，并实施了一系列不同的养老金计划，包括传统的收益确定型的现收现付公共系统、基于私营部门管理的缴费确定型的个人资本账户的平行和混合结构。

从养老金的覆盖面来看，南美国家已建立覆盖全地区的养老金体系。依据OECD对养老金体系三个层次的划分，南美国家中有半数国家建立了强制性、与收入无关的第一层次公共养老金计划，具体涉及目标养老金、基本养老金和最低养老金三种模式，而巴西、哥伦比亚、巴拉圭、秘鲁、乌拉圭和委内瑞拉未建立第一层养老金计划（见表2-6）。除了苏里南未实施第二类强制性个人储蓄养老金制度外，其余南美国家均建立了强制性、与收入挂钩的第二层次养老金计划。其中，多数国家与OECD发达经济体相似，实施现收现付的收益确定性的公共养老金计划，而智利在1981年使用强制性的、缴费确定型的私人积累制计划取代了收益确定型的公共现收现付制计划，乌拉圭也补充设立了强制性的、缴费确定型的私人积累制计划。

表2-6　　　　　　　南美国家的养老金体系

	第一层次养老金			第二层次养老金	
	公共养老金体系			公共体系	私人体系
	目标养老金	基本养老金	最低养老金	类型	类型
阿根廷		√		DB	
玻利维亚		√		DB	
巴西				DB	

续表

	第一层次养老金			第二层次养老金	
	公共养老金体系			公共体系	私人体系
	目标养老金	基本养老金	最低养老金	类型	类型
智利	√		√		DC
哥伦比亚				DB	
厄瓜多尔	√			DB	
圭亚那	√			DB	
巴拉圭				DB	
秘鲁				DB	
苏里南		√			
乌拉圭				DB	DC
委内瑞拉				DB	
OECD 国家					
加拿大	√	√		DB	
法国			√	DB + Points	
德国	√			Points	
葡萄牙			√	DB	
西班牙			√	DB	
英国	√	√	√	DB	
美国				DB	

注：DB（Defined Benefit Plans，DB Plans）为积累制待遇确定型计划，即现收现付制养老金计划；DC（Defined Contribution Plans，DC Plans）为积累制缴费确定型计划，即设有个人账户的积累制强制性养老金计划；Points 为积分计划（Points Schemes），工作人员根据其收入获得退休金积分。

数据来源：OECD/IDB/The World Bank（2014），*Pensions at a Glance：Latin America and the Caribbean*，OECD Publishing。

从养老金体系的有效性而言，南美几乎所有国家的养老金计划均面临挑战。其中，巴西、哥伦比亚、圭亚那、巴拉圭、秘鲁和委内瑞拉采用的收益确定型计划，阿根廷、玻利维亚、厄瓜多尔、圭亚那和乌拉圭采取的混合型计划，这两类计划因

21世纪初期左翼政府在不扩大缴款的情况下扩大了养老金承诺,财政补贴难以延继而面临不可持续风险;智利采取的缴费确定型计划则因覆盖面不足、强制性缴款率低以及退休年龄相对较低等综合因素,无法提供"足够的"养老金。

2. 转移支付

21世纪初以来,南美地区公共政策在公共支出方向上发生了转变,对社会领域和公共投资更加重视,各国积极使用财政工具,在转移支付等领域做出了持续创新和努力。如巴西自20世纪90年代中期以来推动实施了有条件现金转移支付(CCT),通过将转移支付与教育(如接受者的孩子入学)或健康(如接种疫苗)挂钩,有效地降低了社会分配的不平等;厄瓜多尔和巴拉圭实施人类发展补助金和名为"Programa Tekoporâ"的有条件现金转移计划,为符合贫困标准的残疾人提供额外补贴[1];厄瓜多尔等国的政府提供轮椅、助听器和视觉辅助设备、假肢设备以及心理服务和康复服务;智利国家残疾服务中心(SENADIS)为收入低于门槛的10岁以下儿童提供免费或补贴的辅助技术和康复服务。

据联合国拉美经委会统计,2000—2005年和2010—2015年,南美社会服务公共支出显著增加,尤其是教育支出占比明显上升,卫生和社会保障支出有所增加,涵盖大部分公共投资的经济事务支出以及住房和社区服务的投资也有所增加。这些社会支出和转移支付的增加对于减贫和降低不平等产生直接作用,有助于贫困人口和弱势群体有更多机会融入社会。

在公共危机中,南美国家通过其社会保障机构、计划和服务来降低新冠肺炎疫情大流行对公民健康、福利和收入造成的

---

[1] Duryea, S., Salazar Salamanca, J. P., Pinzon Caicedo, M. 2019. We the People: Inclusion of People with Disabilities in Latin America and the Caribbean. http://dx.doi.org/10.18235/0002010.

影响。如新冠肺炎疫情暴发以来,阿根廷和哥伦比亚的社会援助向受益人提供额外的现金转移,玻利维亚出台了学校供餐计划,秘鲁向贫困和弱势家庭等引入新的现金转移社会援助计划,巴西的有条件的"家庭补助金计划(Bolsa Familiade)"现金转移计划扩大到 100 万个家庭。据联合国拉美经委会估计,2020 年南美地区紧急现金和实物转移的估计支出占 GDP 的比重超过了 2018 年 CCT 和社会养老金的加总比例,二者之差为 0.75 个百分点(见图 2-6)。

同时,南美国家推动了转移支付工具的创新,提高社会安全网的覆盖面。巴西和哥伦比亚等国利用社会登记促进向非受益人提供福利,多数南美国家使用受益人登记册向安全网受益人提供补充福利,并依靠社会工作者和社会保障计划人员向隔离人员提供救济物品[①]。但是,南美各国在应对危机方面仍面临挑战,其中包括向非正规程度高的受影响工人提供支持;社会登记不存在或覆盖率低的地方;以及保持社交距离相悖的支付机制仅限于以现金为基础的方式。

(三)三次分配

1. 海外支持

南美国家得到海外支持来自私人和官方两大渠道。在私人渠道,侨汇一直是南美国家主要的外部资金来源,对地区经济活动具有一定贡献。80%—90% 的侨汇用于满足接收家庭的基本需求(食品、健康和住房),因此,侨汇的下降会对部分国家的消费和贫困产生重大的负面影响。由于南美国家的侨汇收入主要来自美欧国家,其稳定性存在较大波动性。如受新冠肺炎

---

① Williams, A. and Gonzalez, S. B. (2020). Towards adaptive social protection systems in Latin America and the Caribbean: A synthesis note on using social protection to mitigate and respond to disaster risk. The World Bank.

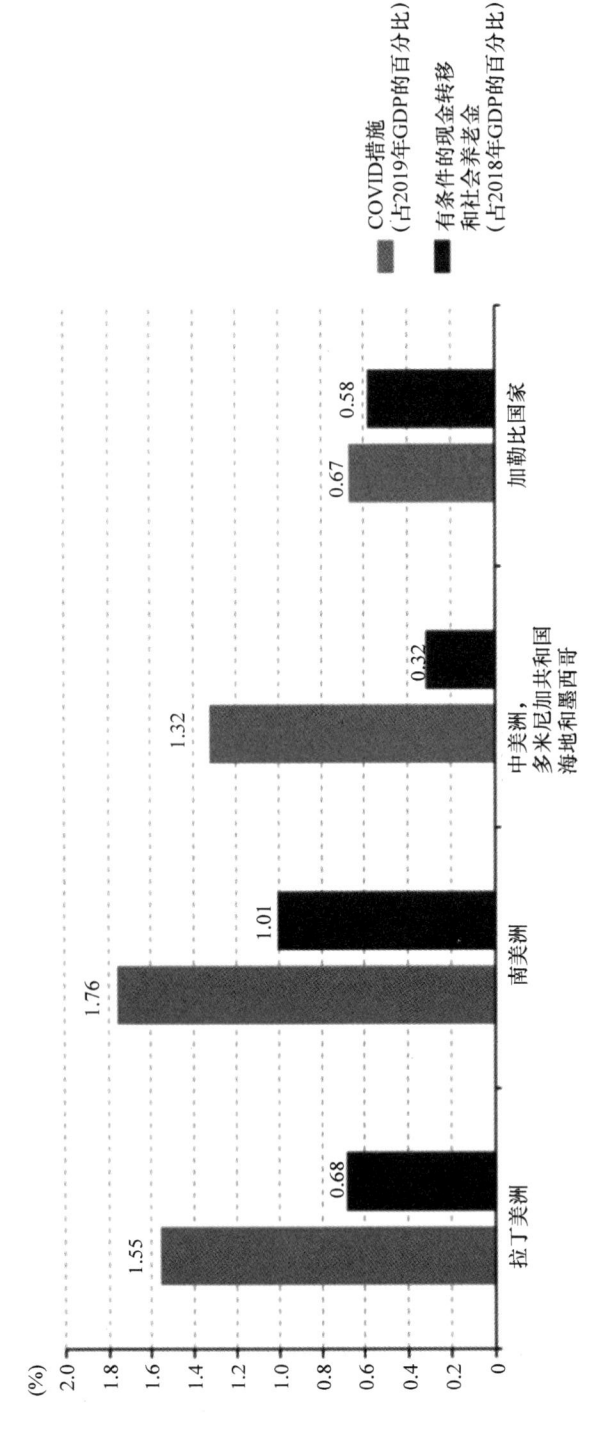

图 2-6 拉美 2020 年紧急现金和实物转移及 2018 年有条件现金转移计划和社会养老金方面的估计支出（占 GDP 的百分比）

数据来源：Economic Commission for Latin America and the Caribbean (ECLAC), on the basis of official information from the countries; COVID-19 Observatory in Latin America and the Caribbean [online] https://www.cepal.org/es/temas/covid-19 and Observatory on Social Development in Latin America and the Caribbean, "Social Development and COVID-19 in Latin America and the Caribbean" [on/line] https://dds.cepal.org/observatorio/socialcovid19/listamedidas.php。

转自：Economic Commission for Latin America and the Caribbean (ECLAC), 2021. Social Panorama of Latin America, 2020 (LC/PUB.2021/2-P/Rev.1)。

疫情影响，2020年前8个月，侨汇流入同比减少的南美国家包括玻利维亚（-26%）、秘鲁（-22%）、巴拉圭（-16%）和厄瓜多尔（-10%），这对当地经济形成了一定负面影响，特别是抑制了低收入人群的消费支出。

在官方渠道，国际社会对南美地区的支持和援助也是其社会发展的一个重要因素。例如，2019年9月9日，英国外交事务委员会发布了其2017—2019年第二十次会议报告，全球英国和拉丁美洲（HC 1617）。① 该报告中指出，英国国际发展部于2019年9月在联合国大会上宣布，除了2019年早些时候宣布的1450万英镑之外，还将为委内瑞拉和该地区提供更多资金，使英国的总应对支出达到4450万英镑。委内瑞拉的邻国（如哥伦比亚）接收了大量逃离危机的移民和难民，给当地服务带来了压力。英国政府应通过世界银行全球优惠融资基金等机制向哥伦比亚提供财政支持（计划800万英镑），以确保为逃离委内瑞拉的移民和难民提供必要的支持。

此外，美洲基金会（IAF）是美国政府的一个独立对外援助机构，成立于1969年，旨在促进拉丁美洲地区以公民为主导的发展。IAF直接与社区组织合作，帮助其发现和解决所面临的问题，如经济机会、家庭和社会暴力、社会包容和公民参与等。2020年，IAF针对新冠肺炎疫情的支出，总共投资约2170万美元，资助了21个国家的151地区组织。② 此外，在2020年，IAF和拉美国家地区社区组织共投资约6450万美元用于发展该地区项目，其中，28%用于可持续农业和食品保障；21%用于企业发展和就业技能等。在此类覆盖全地区的救援计划中，南

---

① https：//publications.parliament.uk/pa/cm5801/cmselect/cmfaff/669/66902.htm.

② IAF. (2020) Annual Report：2020 in Review. Available at：https：//www.iaf.gov/content/data-report/annual-report-2020-in-review/（Access 11 August 2021）.

美国家成为主要的受援对象。

2. 社会慈善、优惠和支持

南美地区慈善事业的发展相对落后。一方面，南美（乃至拉美）地区的商界领袖在地区和全球慈善事业中缺位，地区最富有人群均未签署捐赠承诺，仅有少数企业设立相关基金；另一方面，除了少数例外，全球最富有人群的捐赠并没有在南美（包括拉美）产生慈善和负责任的捐赠文化。

三 制约拉美共同富裕的主要因素

从社会财富分配体系来看，南美国家建立了覆盖全地区的三次分配体系，但在现实中该地区多数国家在财富存量上距离共同富裕仍有较大差距，在收入增量上不平等也十分突出。世界银行统计数据表明，从南美各类收入的人群分布来看，不同来源收入的分配差距存在差异。财产性收入的分配失衡最为突出，高收入人群的占比高达84%，中高收入人群占比10%，而前三个五分位人群的此项收入占比合计仅6%。养老金收入的分配失衡同样突出，高收入人群的占比达66%，中高收入人群占21%，中等收入人群占9%，而中低收入和低收入人群仅拥有此项收入的4%和1%。劳动收入和其他非劳动收入的分配也明显失衡，高收入人群各占此两项收入的55%，中高收入和中等人群的占比为20%和13%，中低收入和低收入人群的占比仅为8%和3%。转移性收入的分配呈现出一定均衡性，但高收入人群的占比超出25%，中间收入人群的占比在20%上下，而低收入人群的占比仅15%。

南美地区财富存量和收入增量上的分配差距制约了地区实现共同富裕的进展，而其矛盾形成和积累有着多方面结构性因素。

第一，南美多数国家的增长无法创造足够的新增社会财富。

2014年以来，南美经济增长失速，地区经济增长率长期低于世界平均水平，甚至低于发达经济体的平均增长水平。2020年新冠肺炎疫情冲击下，南美出现了近百年来最严重的经济衰退，GDP增长率为-7.3%，地区失业率超过10%，地区贫困率也大幅增加。拉美经委会预计，包括南美在内的拉美地区经济直至2023年才能恢复至2010年时期的水平，而地区贫困人口生活水准现已下降至20世纪90年代水平，赤贫人口则回退至80年代水平。在严重的经济和社会危机下，南美缺乏内生增长动力，全要素生产率增长长期滞后于其他新兴市场与发展中经济体。据统计，近十年来，南美各国的平均增长几乎停滞，委内瑞拉、阿根廷、巴西和厄瓜多尔还出现了程度不等的下降（见图2-7）。在这种情况下，南美地区新增财富优先（甚至萎缩），对财富的分配陷入对原有基本盘的分割，而弱势群体在此期间无法得到充分保障，地区财富和收入分配陷入恶性循环。

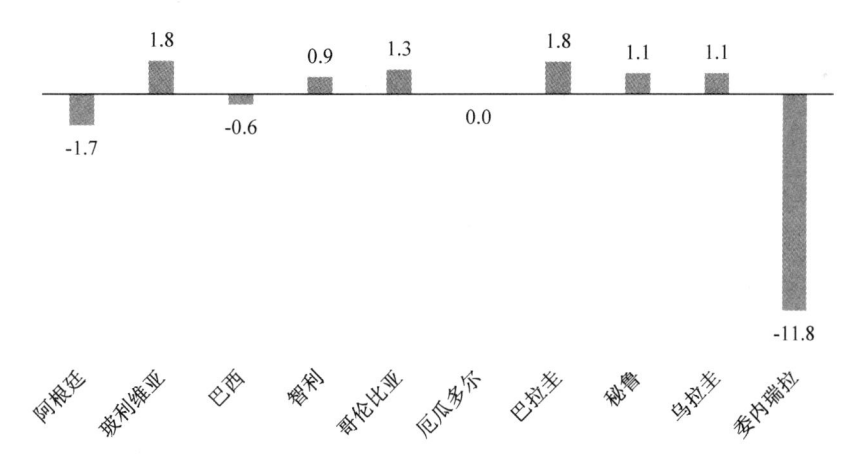

图2-7 南美主要国家人均GDP增长率（2010—2020年，%）
数据来源：CEPALSTAT。

第二，社会保障覆盖不足。首先，南美劳动人口与中产阶层的增多要求提供新增就业，提供"体面就业"机会，而拉美当前的就业形势与此种需求相悖，难以满足变动的社会需求。

尤为特殊的是，南美青年（15岁至24岁）大多从事非正规就业，公开失业率远高于社会整体失业率，如2020年阿根廷、巴西、乌拉圭等国青年人口的失业率（30%以上）是社会失业率的3倍以上，玻利维亚、智利、秘鲁等国则为2倍多，而青年工人没有处于就业、教育或培训中。其次，老龄人口的增多要求养老金等社会保障加大，而拉美现存的各类养老金计划均面临挑战。再次，新兴中产对教育在确保向上流动方面的推动作用有着较为明确的认识，这也是南美近十年来入学等教育指标明显好转的推动力量，但是南美的教育质量还有待提升。OECD最近一期（2018年版）国际学生评估计划（PISA）显示，包括南美在内的拉美学生的阅读、科学和数学能力都低于全球平均水平。

第三，社会流动停滞。2002年之后，中产阶层人口及收入占比随着人均家庭收入的显著提高，不仅贫困显著减少，低收入阶层的规模也总体上有所减少。这表明人均家庭收入的逐步提高促进了经济流动的过程，允许低收入人群进入下一收入阶层。然而，受到经济增长停滞的影响，特别是新冠肺炎疫情以来的严重冲击，这种向上流动在过去两年停止了。[①] 据拉美经委会统计，2019年至2020年，中高收入阶层规模将收缩1个百分点，中等和中低收入阶层的规模将下降3.5个百分点，而低收入阶层增加了4.7个百分点。同时，这种下滑产生了结构不对等冲击，女性、低技能工人等弱势群体受到了更大冲击。

第四，社会分配体系存在结构性缺陷。南美国家社会分配体系存在着一定结构性不足。初次分配体系中，收入不平等的问题较为突出，而以消费税和增值税为主税收结构与南美各国税收治理能力存在一定不匹配，现实中避税和逃税事件频繁，

---

① https://repositorio.cepal.org/bitstream/handle/11362/46688/8/S2100149_en.pdf.

导致政府收入能力有限，无法在后续社会分配中发挥足够力量。社会再分配体系中，所得税、财产税和社会保障税的比重相对偏低，对贫富差距的"纠偏"不足。三次分配体系则受到工具箱有限且外部脆弱性突出的制约，难以发挥进一步矫正财富不均的作用。同时，南美国家在三次分配体系的制度建立方面尚存在短板，如拉美地区 2/3 的国家援助或失业保险计划不足，其中，南美地区的阿根廷、巴西、智利、哥伦比亚、厄瓜多尔、乌拉圭和委内瑞拉拥有公共失业保险计划，但巴拉圭和苏里南没有任何失业保护机制，玻利维亚和秘鲁则仅向失业人群提供遣散费。这使得在危机中，南美国家缺少足够社会安全网络"垫底"，整个就业结构整体受到危机的影响，弱势群体无法得到足够保护。

德　国[*]

一　基本情况

德国是西方阵营中一个发展比较均衡的大型经济体，其社会不平等程度在西方大国中是最低的，而德国在社会保险领域属于首创国家，俾斯麦的社会保险模式对于全世界具有重要影响力。在制造业、职业技术培训、义务教育体制、现代科层制等诸多领域，德国对于现代世界各国具有持久深远的影响力。德国在工业技术、社会保障、双元职业培训等诸多领域成为许多国家仿效的对象，而德国的社会市场经济模式及社会伙伴关系等也享有盛誉，对欧洲联盟的经济体制产生了重大影响，同时也对包括国际劳工组织在内的国际机构有着独特的影响力。考察德国的共同富裕程度及共同富裕治理，将为我国当前共同富裕事业提供重要的参考与借鉴。

根据世界银行的数据，德国人均 GDP 从 2010 年的每年 41531 美元上升到 2020 年的每年 45723 美元[①]；而德国人均 GNI 则从 2010 年的每年 44550 美元上升到 2020 年的每年 46980 美

---

[*] 本章执笔人：浙江大学公共管理学院刘涛。

[①] 参见世界银行德国人均 GDP 数据，https：//data.worldbank.org/indicator/NY.GDP.PCAP.CD？locations＝DE。

元①，德国人均国民产值及人均国民收入在发达国家位居中上游的位置。德国当前平均寿命为男性78.6岁，女性83.4岁②，德国2018年每千人医生数为4.25名，2010年德国每千人医生数为3.71名③，德国每千人床位数则从2010年的8.25张下降到2017年的8.0张④。而从基尼系数——这一反映一国内部收入不平等程度的主要指数来看，德国净收入的基尼系数在过去10年基本保持了较低水准，虽然在一些年份基尼系数曾突破0.3，但在多数时间德国基尼系数低于0.3，2010年德国净收入基尼系数为0.293，2019年则为0.297（见图3-1），尽管略有上升，但德国始终保持着大型发达经济体中最低基尼系数的水准，德国是西方大国中收入分配最平等的国家。

二 初次分配

2020年德国20—64岁之间人口就业率为80.1%，其中男性就业率为83.2%，女性就业率为76.9%，由于德国在施罗德红绿政府执政期（1998—2005）坚决果断地推行了劳动就业市场的改革，实施了从"哈茨一号"到"哈茨四号"的一系列富有争议的改革，在劳动就业市场政策上主动向积极的社会投资政

---

① 参见世界银行德国人均GDP数据，https：//data.worldbank.org/indicator/NY.GNP.PCAP.CD？locations＝DE。
② 参见德国及欧洲统计网站Statista德国按性别及按年龄组平均寿命的统计，https：//de.statista.com/statistik/daten/studie/1783/umfrage/durchschnittliche－weitere－lebenserwartung－nach－altersgruppen/。
③ 参见德国及欧洲统计网站Statista的统计，https：//www.statista.com/statistics/236511/practicing－doctors－per－thousand－inhabitants－in－germany－since－1991/。
④ 参见世界银行关于德国每千人床位数的统计，https：//data.worldbank.org/indicator/SH.MED.BEDS.ZS？locations＝DE。

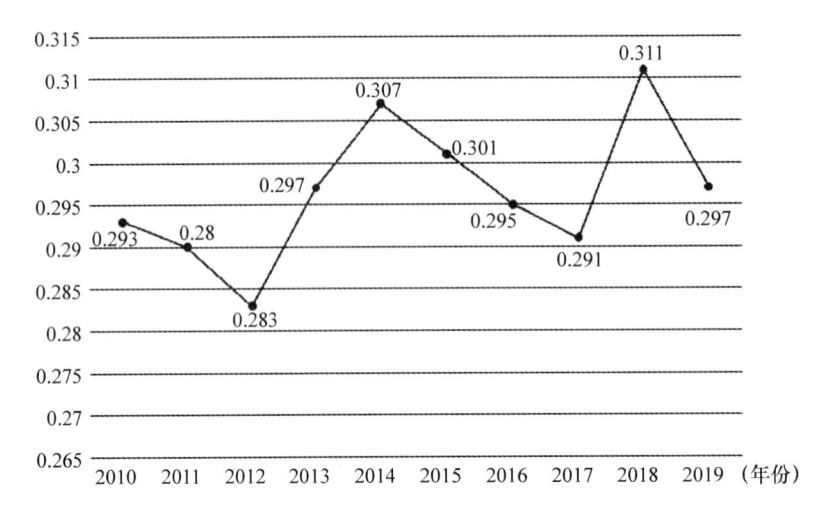

图 3-1　德国净收入基尼系数发展趋势（2010 年至 2019 年）

资料来源：作者根据德国联邦统计局数据，参见德国联邦统计局关于德国收入分配的统计：https：//www.destatis.de/DE/Themen/Gesellschaft - Umwelt/Einkommen - Konsum - Lebensbedingungen/Lebensbedingungen - Armutsgefaehrdung/Tabellen/einkommensverteilung - silc.html#fussnote - 2 - 114660。

策及积极福利国家政策靠拢[1]，改革的重要结果就是失业率持续下降、就业率持续上升，德国总就业率从 2005 年的 69.4% 上升到 2020 年的 80.1%（见图 3-2），而同一阶段女性就业率从 63.1% 上升到 76.9%，失业率从 2005 年的 11.7% 持续下降到 2019 年的 5%，2020 年仅因疫情原因德国失业率略微反弹到

---

[1] 德国内部具有高度争议的哈茨四号改革改变了过去宽松的失业保险及社会救助制度设计，针对就业群体收紧了待遇给付条件，推行积极的就业促进及培训措施，特别是将失业救助与就业年龄段的社会救助合并为"失业金二号"，通过降低待遇给付、缩减待遇给付时间、条件化待遇领取、实施奖惩并举等激进措施向劳动市场发出了工作福利及积极就业的信号，尽管这一改革直至今日依然是德国高度争议性的话题，但无可否认，哈茨四号改革大幅增强了德国社会中的工作福利与积极就业倾向，参见刘涛《德国劳动力市场的改革：社会政策的 V 型转弯和政治光谱的中性化》，《欧洲研究》2015 年第 1 期。

5.9%（见图3-3），持续的工作福利倾向有利于德国工作市场的旺盛，有利于国民总财富的创造。

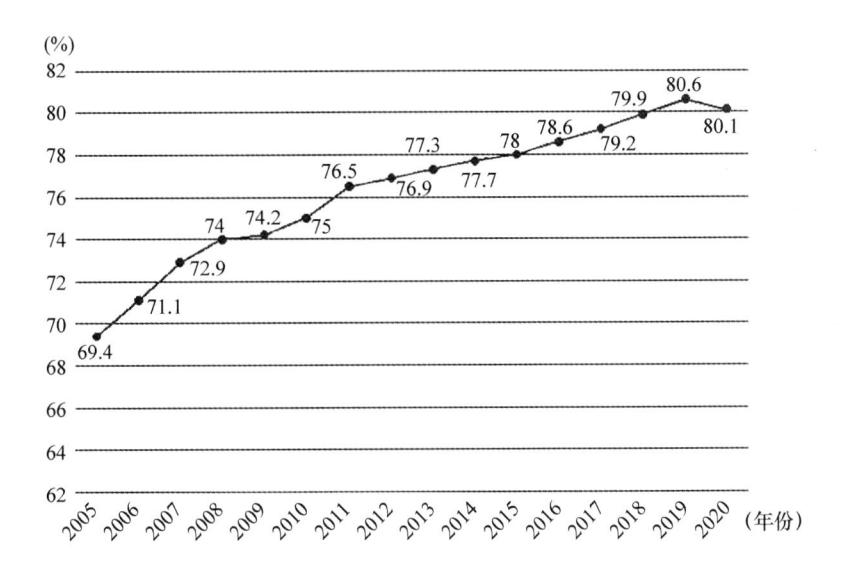

图 3-2 德国 2005 年至 2020 年 20—64 岁人群就业率变化情况

资料来源：德国及欧洲统计网站 Statista 数据，https://www.statista.com/statistics/227005/unemployment-rate-in-germany/。

德国的税收主要可以分为三类，对企业利润的征税、对消费的征税及对资产的征税。企业所得税又称为公司税或法人税，其纳税主体为以有限责任公司方式运营的企业，税基为企业利润额的15%。全德实施统一的企业所得税率，企业所得税收入为联邦政府及州政府各获得一半。德国个人所得税为累进税率，根据收入的不同，个人所得税从最低的14%逐步上升到最高上线45%，2020年德国个人免税额为9408欧元。在德国，公司和个人还需要为德国统一额外缴纳5.5%的团结税，团结税主要投资于东部德国各州，以缩小德国东西区域之间的差距。

2010年至2019年间，德国最高收入群体的20%与最低收入群体的20%的比值从4.5倍微幅上升到4.9倍，总体而言波动幅度较小，两个群体收入差多数年份在5倍以下（见图3-4）。

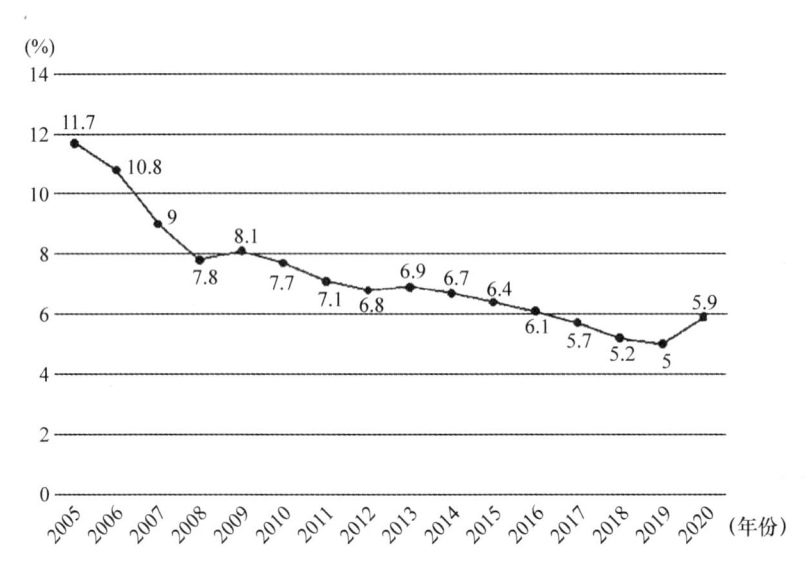

图 3-3 德国 2005 年至 2020 年失业率变化情况

资料来源：作者根据德国及欧洲统计网站 Statista 数据自制。

数据来源：https://de.statista.com/statistik/daten/studie/198921/umfrage/erwerbstaetigenquote-in-deutschland-und-eu-nach-geschlecht/。

过去十年，德国最高收入 20% 群体与最低收入 20% 群体之间的平均差距为 4.67 倍。

根据德国经济研究所数据，德国中等收入群体比重（中间收入的 70%—150%）在 1985 年至 2016 年从 64.5% 下降到 56.0%，说明德国中等收入群体有萎缩趋势，而高收入群体（中间收入的 150% 以上）则在同一时段从 15.3% 上升到 19.6%；低收入群体（中间收入 70% 以下）在同一时间段从 20.2% 上升到 24.4%，说明德国具有西方国家普遍所共有的 M 族化特征，也就是社会中两头上升、中间下降。总体而言，中产阶级依然是德国社会主流，德国橄榄型社会结构依然坚固。

从可支配收入的角度来看，德国就业人员可支配收入占国民收入比重从 2010 年的 66.8% 微幅上升到 2018 年 69%，可见在初次分配中，较高的工资比率成为德国国民财富重要构成部

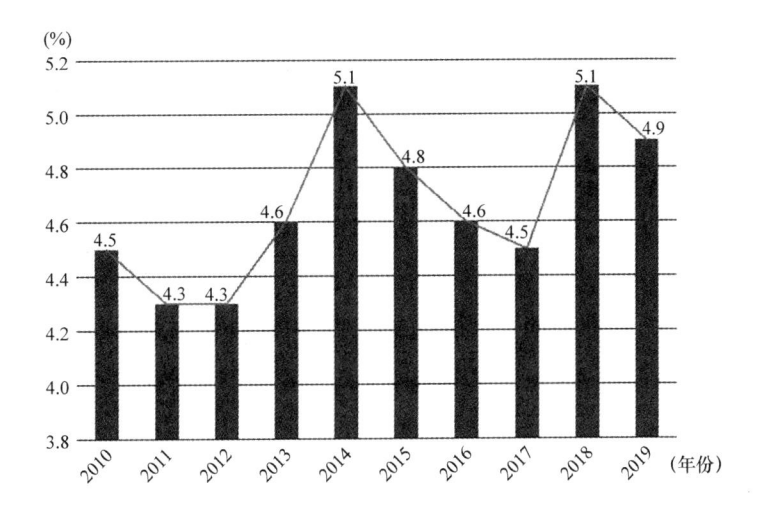

图 3-4　德国最高 20% 收入与最低 20% 收入比率变化（2010 年至 2019 年）

资料来源：作者根据德国联邦统计局数据自制。

数据来源：参见德国联邦统计局关于德国收入分配的统计，https://www.destatis.de/DE/Themen/Gesellschaft – Umwelt/Einkommen – Konsum – Lebensbedingungen/Lebensbedingungen – Armutsgefaehrdung/Tabellen/einkommensverteilung – silc.html#fussnote – 2 – 114660。

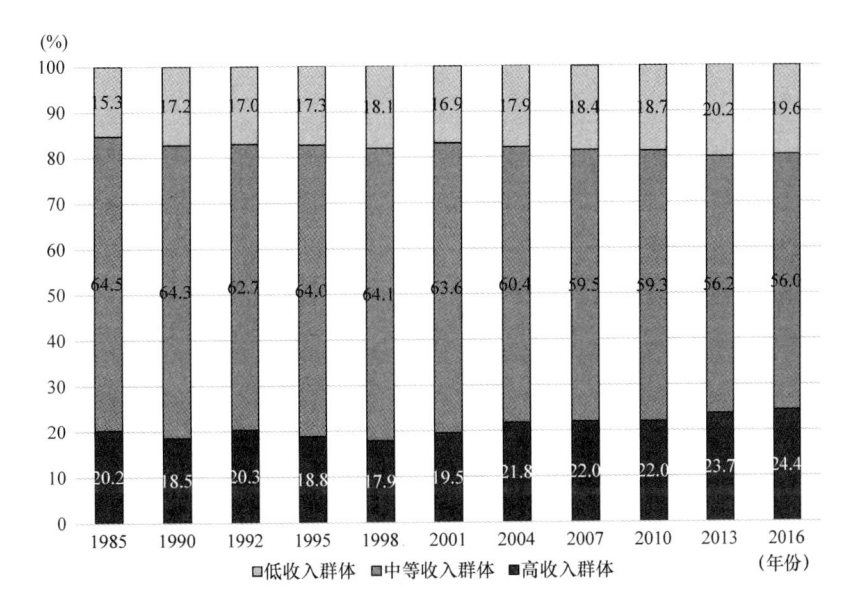

图 3-5　德国 1985—2016 年中等收入群体变化状况（百分比）

资料来源：作者根据德国 DIW 统计局数据自制。

数据来源：SOEPv34，德国柏林经济研究所。

分，这也得益于德国独特的劳资集体谈判制度。德国的行业工会与雇主协会通过劳资集体谈判确定行业的统一工资水平及一揽子集体协议，谈判实施高度的社会自治与社会自我管理原则，政府只是提供一些方向性的指导与劳动市场的基础数据，并不直接介入劳资集体谈判。这种劳资关系被称为"社会伙伴关系"。

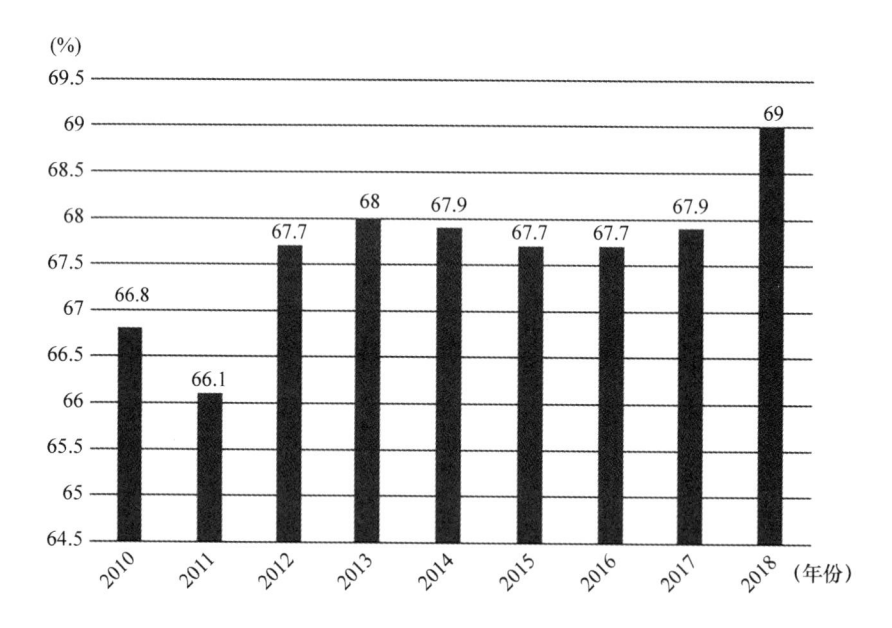

图 3-6 2010 年至 2018 年德国劳动收入占国民收入比重

资料来源：作者根据 Statista 统计数据自制。

数据来源：参见 https://de.statista.com/statistik/daten/studie/161378/umfrage/anteil-des-arbeitnehmerentgelts-in-deutschland/。

三 社会再分配

德国式的"社会国家制度体系"（Sozialstaatlichkeit）的核心是社会保险制度。在世界主要的五项保险制度中有四项为德国首创，也就是养老保险、医疗保险、工伤事故保险与长期护理保险制度，而失业保险制度则是由法国首创。截至 2018 年，德国总计有5609万居民参加法定养老保险[1]，约占20岁以上人口的83%；2020年，德国法定医疗保险（含法定护理保险）覆盖总计7336万德国居民[2]，占德国总人口约88%，如果算上高收入群体中选择参加私人医疗保险（含私人长期护理保险）的居民，德国医疗保险制度（含长期护理保险）接近于覆盖全民；根据德国工伤事故保险最高经办机构"德国法定事故保险"（DGUV）的统计，德国2020年总计有6420万民众参加工伤事故保险（包含防范幼儿园、学校及高校日常生活的事故风险）[3]，参加工伤事故保险的总人数大大超过了德国就业总人数（4472万），显见德国工伤事故保险已超越了传统的"工伤"范围，而由于社会法律严密，德国失业保险几乎包含了所有正式就业群体。没有参加社会保险的群体包含一些领域的灵活就业人员及外来移民工人群体等，零工经济、平台经济等领域也产生了社会保险制度的一些漏洞。

德国标准养老金的替代率为67%，假定一位德国雇员连续工作45年，将达到标准养老金生涯的要求，可以获得最丰厚的养老金，也就是工作收入的67%。然而面临后工业化社会的转型，能够达到45年标准工作生涯的人群较为少见，随着教育程度提高、教育时间延长、人们进入工作市场时间延迟，就业群体的总计工作时间及年限不断下降，这样的生命历程变迁也反映在养老金的实际替代率上。据统计，德国2017年养老金实际

---

[1] 参见德国及欧洲统计网站 Statista 关于养老保险参保人数的统计：https：//de. statista. com/statistik/daten/studie/6948/umfrage/anzahl – der – rentenversicherten – in – deutschland – seit – 1965/。

[2] 参见德国及欧洲统计网站 Statista 关于医疗保险人数的统计：https：//de. statista. com/statistik/daten/studie/155823/umfrage/gkv – pkv – mitglieder – und – versichertenzahl – im – vergleich/。

[3] 参见德国"法定事故保险"的统计：https：//www. dguv. de/de/zahlen – fakten/versicherte – unternehmen/index. jsp。

替代率仅为48.2%，而到2030年将持续下降至44.5%①，为了应对老年人养老问题及老年人贫困问题，德国顺应全球潮流，鼓励多支柱的养老保险制度建设，包括第一支柱的法定养老保险，第二支柱的企业养老保险，第三支柱的市场养老保险，主要改革为2001年德国建立的里斯特养老保险制度（Riester Rente）。里斯特养老保险为国家鼓励及资助的、个人缴费的、基金积累的市场养老保险制度，假定参保人每年以4%的税前收入投保加入里斯特养老保险，将获得国家每年175欧元的基础补贴，而参保人将因每位孩童每年获得额外300欧元的补贴，里斯特养老金2100欧元免税。截至2021年第一季度，总计1631.4万德国居民签署里斯特合同、参加里斯特养老保险。②根据德国及欧盟统计网站Statista 2019年提供的一项统计，德国企业养老保险的推广比率为53.9%，本年度总计有1820万人参加企业养老保险，而总计2100万人具有职业养老保险权益。③自2012年起，德国将退休年龄以渐进增量改革的方式推进到2029年的67岁，当前德国正浮现出将退休年龄继续调高至69岁的讨论。④

德国在施罗德红绿政府执政时期（1998—2005）针对社会救助制度进行了较大幅度的制度转型改革，过去联邦德国一个

---

① 参见联邦政治教育中心关于养老金给付水平的数据：https://www.bpb.de/politik/innenpolitik/rentenpolitik/290755/das-rentenniveau。

② 参见德国及欧洲统计网站Statista关于里斯特养老保险参保人数的统计：https://de.statista.com/statistik/daten/studie/39412/umfrage/anzahl-der-abgeschlossenen-riester-vertraege/。

③ 参见 https://de.statista.com/statistik/daten/studie/628992/umfrage/verbreitungsquote-der-betrieblichen-altersversorgung-in-deutschland/。

④ 参见法兰克福日报关于德国联邦银行提出将退休年龄延迟至69岁的报道：https://www.fr.de/wirtschaft/rente-bundesbank-fordert-anhebung-renteneintrittsalters-zr-13142429.html。

单一的社会救助制度逐步拆分转化成为几个针对不同群体的制度，新制度更名为基础生活保障制度（Grundsicherung），包含：（1）老年人及残疾人基础生活保障；（2）基本生活救助，其下又包含针对部分残疾人群的救助、儿童社会救助、住院治疗期间的社会救助等；（3）求职人员基本生活保障，其下又包含有失业金二号及社会金两项。三种不同类别社会救助待遇相同，但给付条件不同。对于老年人、残疾人及儿童等，申请资格及审核程序较为简便；而正如上文提到的那样，对于就业年龄阶段求职人群，社会救助权益与工作福利全面挂钩，需接受国家社会救助部门的严格审查，同时必须定期参加工作培训、接受地方就业中心提供的合理工作岗位等，违反求职、寻职规定和要求的人群将受到惩罚，甚至阶段性或永久冻结待遇给付。总之对于第（3）类别，德国严格践行了社会投资国的理念，运用政策调节手段鼓励人们返回劳动市场，某种程度也使就业年龄阶段、接受社会救助的人群产生了"耻感效应"。根据德国联邦政府统计，2021年德国单人家庭基本生活保障待遇为每月446欧元，而夫妇为每人每月401欧元，其他待遇包括孩童获得的社会救助待遇等（见表3-1）。以上待遇仅为基本待遇，除了基本待遇外，社会救助还包含水电、暖气及租房补助。

表3-1　德国2021年基本生活保障制度（社会救助）待遇（每月）

给付对象	待遇高低	级别
单身/单亲人群	446欧元	标准待遇级别1
夫妇或生活伴侣的每人	401欧元	标准待遇级别2
（教育）机构中的成年人	357欧元	标准待遇级别3
居于父母家中25岁以下未就业的成人	357欧元	标准待遇级别4
14岁至17岁青年	373欧元	标准待遇级别5
6岁至13岁孩童	309欧元	标准待遇级别6

续表

给付对象	待遇高低	级别
0岁至5岁孩童	283欧元	标准待遇级别7

资料来源：由作者根据德国联邦政府网站翻译、整理。参见 https://www.bundesregierung.de/breg-de/suche/regelsaetze-steigen-1775798。

在老年保障领域，德国是世界上第一个创建长期护理保险的国家，长期护理保险制度的建立激发了社会护理需求的存量与增量，同时也成为推动养老院及护理院发展的重要制度性驱动力量。据统计，截至2019年，总计399.97万德国居民从长期护理保险中获得护理待遇，其中85.82万德国居民在养老及护理机构接受护理，而314.14万德国居民居家接受护理并从法定护理保险中获得护理待遇[1]，德国长期护理保险制度秉持"居家护理优先"原则，在建立法定护理保险制度的同时增强了家庭护理功能，对于家庭护理也给予家庭成员现金补助待遇。尽管鼓励家庭护理优先，受到护理需求的制度激发，德国养老院与护理院也出现明显增长趋势，根据相关统计，德国2020年总计有11712家养老院与护理院，其中43.6%为商业护理院，52.9%为公益团体经办的护理院，而3.5%为社区护理院。从经办机构属性来看，商业与公益团体经办的护理院主导福利市场，而公立护理机构则占绝对少数。[2]

在妇幼、家庭及女性社会保护及社会福利领域，德国存在着不同层面的组合型政策，一些特殊的、有利于妇女及儿童的

---

[1] 参见德国长期护理保险"事实与数据"的统计，https://www.bundesgesundheitsministerium.de/fileadmin/Dateien/3_Downloads/Statistiken/Pflegeversicherung/Zahlen_und_Fakten/Zahlen_und_Fakten_der_SPV_Februar-2021_bf.pdf。

[2] 参见德国护理市场的统计，https://www.pflegemarkt.com/2016/10/28/anzahl-und-statistik-der-altenheime-in-deutschland/。

安排散布在不同社会政策领域：（1）德国法定养老保险制度给予生育后代的女性以养老保险资格权益，德国女性每生育一名孩童，可以获得按当地社平工资为基础的3年养老保险缴费权益，而上文中提到的里斯特养老金也直接给予育有孩童的家庭成员以每位孩童年300欧元的补贴；（2）德国法定医疗保险实施慷慨的"家庭联保"（Familienversicherung）制度安排，孩童随家庭主要参保人免费参加法定医疗保险，夫妇两人低收入或无收入一方也可以随主要就业方免费参加"家庭联保"，该项制度极大保障了儿童及妇女的医疗权益，提高了德国国民整体的健康水平；（3）德国长期护理保险制度中规定未生育后代的参保人需额外缴纳0.25%的长期护理保险保费，在生育与未生育后代的家庭实施隐性再分配政策；（4）德国实施普惠型儿童金制度，任何德国居民以及符合移民条件的外国移民的孩童均可以获得儿童金。德国当前的儿童金待遇如下：一孩每月获得219欧元，二孩每月219欧元，三孩每月225欧元，四孩及以上每月250欧元[1]；（5）除了传统的产假制度以外，德国2007年以来也实行"父母（抚育）金"制度，规定父母双方任何一方在婴儿出生后可申请该项现金待遇，父母双方均可申领该项待遇居家履行照护孩童之责，获得待遇为工资收入的65%—67%，待遇给付时间最长为14个月，如果申请人之前没有工作或为家庭主妇，每月可直接获得300欧元补贴；（6）其他一些涉及儿童抚育及教育的服务设施及服务措施等包含在德国社会法典第八部之中。[2]

根据OECD数据，德国2019年公共社会支出占GDP的比重为25.9%，显著高于OECD国家平均水平的20%，超越主要英

---

[1] 参见关于家庭及孩童社会待遇的统计：https：//www.arbeitsagentur.de/familie-und-kinder/kindergeld-anspruch-hoehe-dauer。

[2] 参见德国社会法典第八部"孩童及青年扶助"：https：//www.sozialgesetzbuch-sgb.de/sgbviii/1.html。

美国家,例如美国(18.7%)、英国(20.6%)、加拿大(18%)、澳大利亚(16.7%),也超过瑞典(25.5%)与挪威(25.3%),但低于法国(31%)、意大利(28.2%)及部分北欧国家例如芬兰(29.1%)、丹麦(28.3%)(见图3-7)。

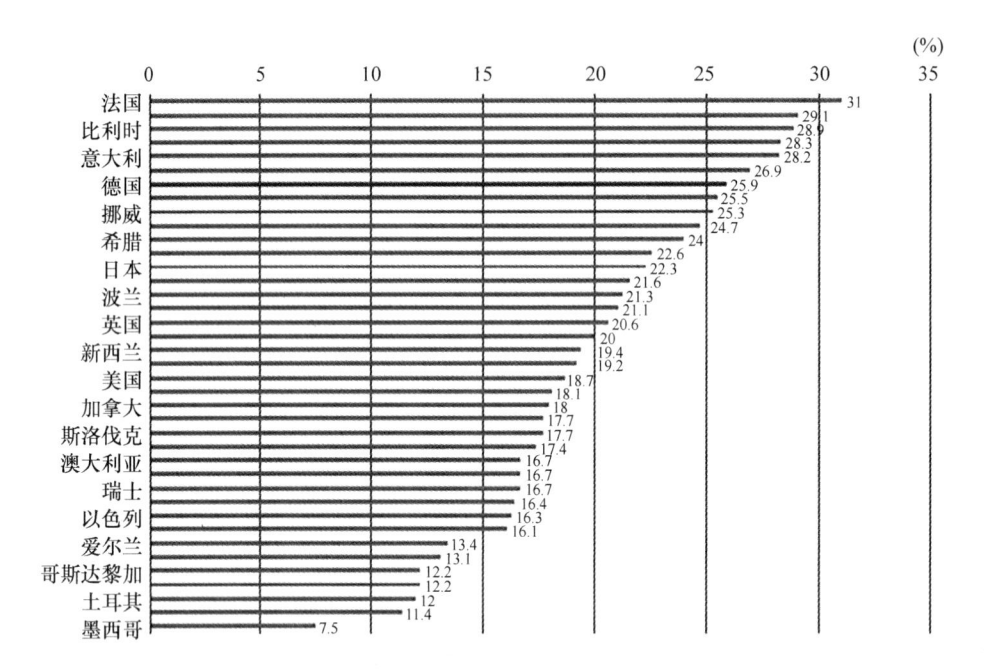

国家	比例(%)
法国	31
比利时	29.1
芬兰	28.9
丹麦	28.3
意大利	28.2
德国	26.9
瑞典	25.5
挪威	25.3
希腊	24.7
奥地利	24
日本	22.6
西班牙	22.3
波兰	21.6
葡萄牙	21.3
英国	21.1
卢森堡	20.6
新西兰	20
匈牙利	19.4
捷克	19.2
美国	18.7
冰岛	18.1
加拿大	18
爱沙尼亚	17.7
斯洛伐克	17.4
立陶宛	16.7
澳大利亚	16.7
瑞士	16.4
拉脱维亚	16.3
以色列	16.1
爱尔兰	13.4
韩国	13.1
哥斯达黎加	12.2
智利	12.2
土耳其	12
哥伦比亚	11.4
墨西哥	7.5

图3-7 2019年OECD各国公共社会支出占国民生产总值比例(%)

资料来源:由作者根据OECD数据翻译、整理。

数据来源:参见OECD关于公共社会支出的统计数据,https://www.oecd.org/berlin/presse/aktuelle-zahlen-zu-oeffentlichen-sozialausgaben-23012019.htm。

四 第三次分配及其他

根据德国及欧洲统计网站Statista提供的数据,德国国民在2019年度总计捐赠达51.39亿欧元,捐赠资金中75.3%投入到人道主义援助,5.9%投入到动物保护领域,3.5%投入到环境及自然保护领域,3.0%投入到体育领域,2.5%投入到文化及纪念碑维护领域，9.9%投入到其他领域。① 根据一项2020年德国社会志愿服务的统计，该年度总计1711万德国国民参与了社会志愿服务，占德国总人口21.2%，其中就业群体中有27%的就业人员除了本职工作之外提供额外的社会志愿服务②，年轻人口成为慈善机构、公益机构与社会机构中护理社工的重要补充来源。根据2017年德国民间社会组织及社团调查，德国总计有超过60万家公益机构，其中95%是以协会、基金会、合作协会及其他组织形式存在。③ 公益组织只要服务于与其章程相关之目的（也就是从事非营利的公益事业），就可以免除缴纳企业所得税。但是，免税不适用于经济性质的企业，例如公益性质的体育俱乐部在会所内经营餐厅并从中获利，其餐饮领域就必须纳税；非营利企业须根据优惠税率缴纳增值税，税率为7%。

从城乡及区域不平等角度来看，德国也采取了系列措施来消除区域及城乡不平等。德国自1960年代始，在公共政策领域也采取了一系列措施来重振乡村及中小城市。德国推行空间均值化及城乡均值化的战略，德国还有专门针对空间平等及均值发展的法律，1997年德国议会通过了《空间规划法》（Raumordnungsgesetz），用于调节地区与地区之间、大中小城市之间及城乡之间的均等化发展，其主要目的是通过公共政策来促进均衡的移民流向与空间人口分布。通过均衡的经济政策、社会政策及生态政策来促进合理的移民流动，防止出现针对某一目的地过度

---

① 该项数据基于德国捐赠委员会提供的数据：https：//de. statista. com/infografik/8596/spendenvolumen – und – spendenzwecke – in – deutschland/。

② 参见德国及欧洲统计网站Statista关于德国社会志愿服务的统计：https：//de. statista. com/themen/71/ehrenamt/。

③ 参见德国贝塔斯曼基金会关于德国公益机构发展的介绍：https：//www. bertelsmann – stiftung. de/de/unsere – projekte/zivilgesellschaft – in – zahlen/projektnachrichten/ziviz – survey – 2017/。

移民潮及过度城市扩张的现象。德国是主要工业化大国中唯一没有特大城市的国家，这也与德国通过普遍性公共服务来促进城市人口分流及德国的联邦主义文化下"去中心主义视角"有关。

五　德国统一后的东部建设

1990年两德统一后，联邦德国政府面临非常棘手的难题：虽然前民主德国是苏联及东欧阵营最发达、生活水平最高的国家之一，但东德与西德在生产率及生活水平上依然存在较大差距，彼时东德的人均国民产值只有西德的三分之一，东德的生产率只有西德的百分之四十多，而东德政府外债高达近百亿美元，东德与西德的差距是全方位的。同时，由于东德与西德在经济体制、社会体制与社会保障制度领域的巨大差距，统一后的德国面临着非常繁重的统一任务去填平德国的"西东鸿沟"并统一制度。1990年代，联邦德国政府为东德的经济体制转型改革实施了转型方案的总体规划与设计，同时德国政府在1990年代还针对东德落后的基础设施例如铁路、公路、桥梁、城市基础设施、通信设备设施等进行了大量投资，到2000年，原东德地区的电话普及率及通信数字化水平就已达到和赶上原西德地区。德国为了两德统一采取了一项非常罕见的税收措施，也就是上文所提及的德国就业人员需要为两德统一缴纳"统一团结税"，该项税收自1995年起正式征缴，自1998年起该项税收占个人收入和公司所得的5.5%，该项税收完全归联邦政府所有，用于为德国统一而进行的长期转移支付，仅2020年一年德国就征收了187亿欧元统一团结税[①]，而在整个德国统一阶段，

---

① 参见欧洲及德国统计网站Statista对德国征收统一团结税的统计：https：//de. statista. com/statistik/daten/studie/30376/umfrage/steuereinnah-men‐des‐bundes‐durch‐den‐solidaritaetszuschlag/。

联邦政府对东部的转移支付（包含在社会保障领域内的转移支付）高达 2 万亿欧元①。

在德国联邦制度持续推进"建设东部"的进程中，德国东部各州的基础设施不断得到改善，东部地区一些大学如洪堡大学、莱比锡大学等学校硬件设施已位居德国前列，吸引了大量西德地区的学生反向流动到东德②。根据德国联邦统计局的统计，自 2009 年开始自东部移入西部的德国居民开始回落，西部与东部之间移民余额的差距开始缩小，而 2017 年开始至 2019 年，移入东德的居民首次超过移出东德的居民③，自德国统一以来，东德联邦各州第一次成为移民净盈余地区，这显示东部联邦各州的吸引力指数在上升。而根据德国联邦财政部、德国联邦统计局及德国经济研究所等 2020 年的相关数据，东部德国居民的人均 GDP 由 1991 年占西部德国的 33% 上升到 2019 年的 69%，东部德国家庭净收入则由 1991 年占西部德国的 54% 上升到 2019 年的 78%，而东部德国雇员工资则由 1991 年占西部德国的 49% 上升到 2019 年的 82%，而东部德国雇员的实际国内产值（用于测量生产率）则由 1991 年占西部德国的 42% 上升到 2019 年的 80%，东部德国的单位人工成本则由 1991 年占西部德国的 119% 下降到 2019 年的 102%，东部德国居民的资产则由 1991 年占西部德国的 38% 上升到占 2019 年的 78%，而东部德

---

① 参见德国联邦政治教育中心对于德国统一费用不同测算的介绍：https：//www. bpb. de/geschichte/deutsche – einheit/zahlen – und – fakten – zur – deutschen – einheit/212659/die – frage – nach – den – kosten – der – wiedervereinigung。

② 参见德国联邦统计局的统计与报告："柏林墙倒塌后 30 年：东德对于西部学生变得有吸引力起来"，https：//www. destatis. de/DE/Presse/Pressemitteilungen/2019/09/PD19_ 378_ 213. html。

③ 参见德国联邦政治教育中心对于德国内部移民的统计报告：https：//www. bpb. de/nachschlagen/zahlen – und – fakten/soziale – situation – in – deutschland/313837/binnenwanderung。

国雇员的资产存量则由1991年占西部德国的40%上升到2019年的89%（见图3-8）。以上数据充分显示，德国统一后30年左右的时间，东西生活水平及经济生产效率的鸿沟已得到大幅缩减，德国的东西区域已出现了趋同的发展趋势，尽管东西部的差距还在一定程度上存在，但这样的差距已越来越小。德国东西差距近年来呈现出的显著收敛趋势也对德国内部的移民格局产生了深远、不可估量的影响，德国在统一后第一次出现了平衡的国内人口迁移，统一初期担心的"东德空心化"趋势并没有出现，这与德国坚定不移的推进东部建设、缩小东西差距密不可分。

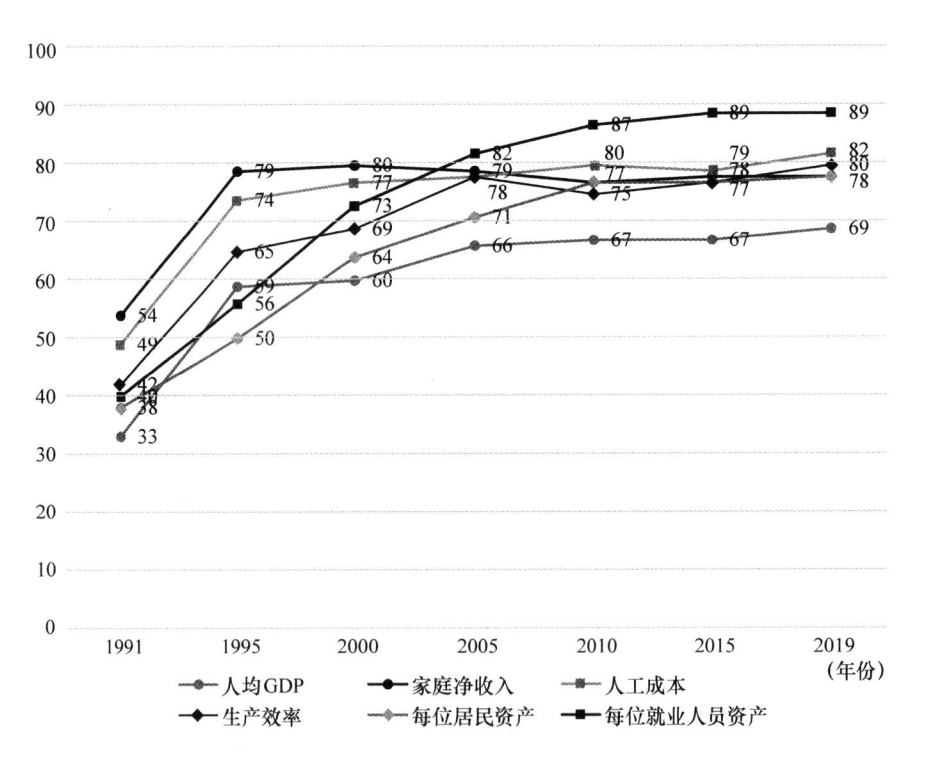

图3-8 东德主要经济指标与西德相较发展趋势（以西德标准为100）

资料来源：由作者根据BMF、DIW等数据自制。

数据来源：Röhl, K. H.（2020）. 30 Jahre Wiedervereinigung：Ein differenziertes Bild. IW – Trends – Vierteljahresschrift zur empirischen Wirtschaftsforschung, 47（3），93–111。

法　　国*

一　基本情况

法国是西方国家中重公平轻效率的典范，其社会公平程度名列前茅，大大高于奉行经济自由主义的美国和英国；某种程度上也高于奉行社会市场经济的德国——OECD的统计表明，2019年，法国的贫困率为8.5%，低于德国（10.4%）和英国（11.7%），是OECD国家低水平之一（见图4-1）。法国建有覆盖面广、待遇慷慨的社会保障制度，为国民提供了从摇篮到坟墓的良好保障。但是，法国的经济发展在西方发达国家中相对缓慢，经济缺乏活力。经济生活中的国有成分较高，交通运输、能源、军工等事关国计民生的行业基本上都是国有或准国有性质（国家控股），大企业特别是国有企业是法国经济的主要驱动力，而中小企业缺少活力。

世界银行的数据显示，法国人均GDP从1990年的21794美元升至2008年的45334美元，此后有下降和反复，2020年为38625美元[①]；人均GNI从1990年的20640美元升至2011年的

---

* 本章执笔人：中国社会科学院欧洲研究所彭姝祎。

① https：//data.worldbank.org/indicator/NY.GDP.PCAP.CD? locations = FR.

78　国家智库报告

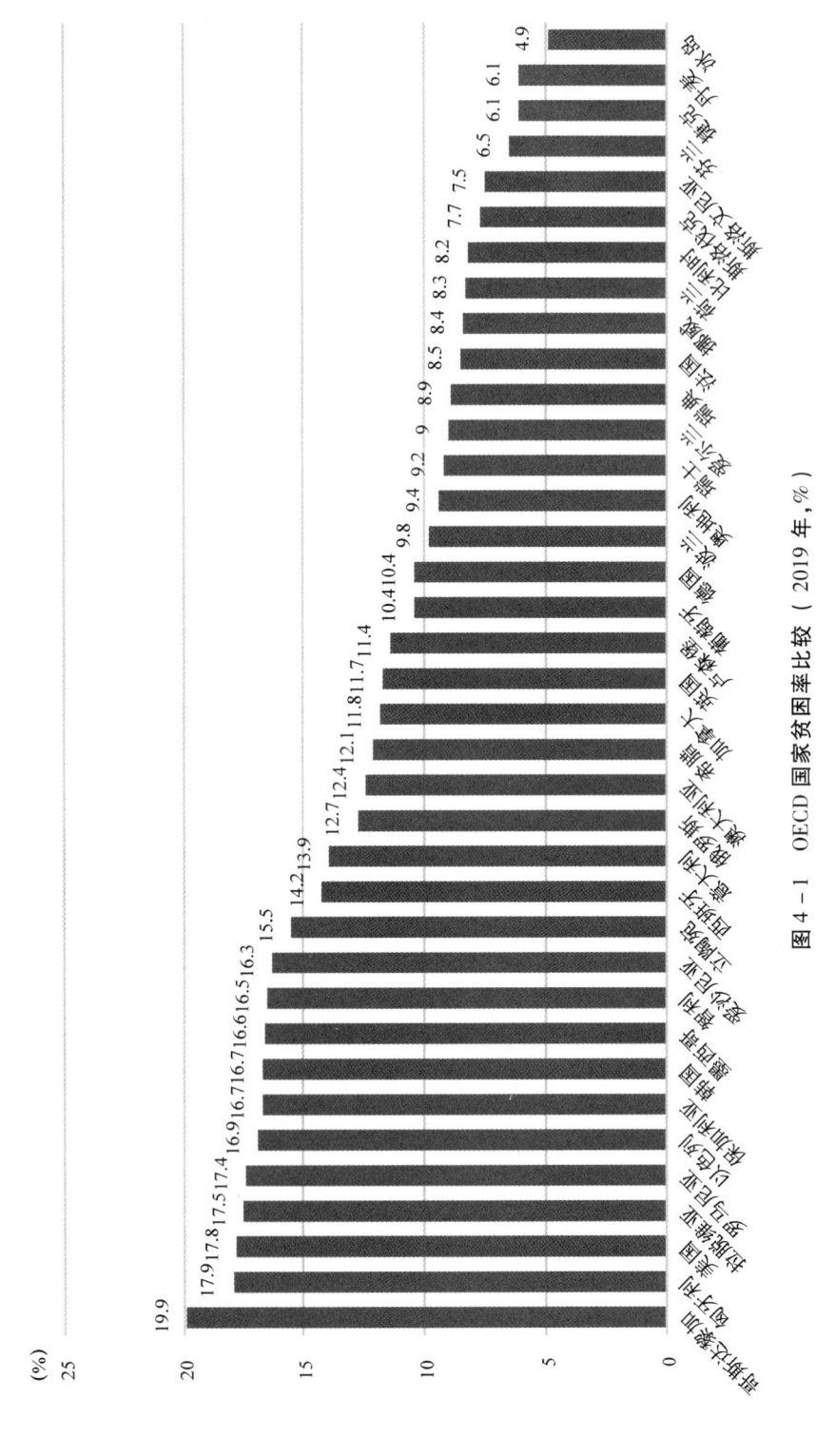

图 4-1　OECD 国家贫困率比较（2019 年，%）

数据来源：https://www.statista.com/statistics/233910/poverty-rates-in-oecd-countries/。

44350美元，此后有下降和反复，2019年为42290美元，① 这两项指标在发达国家中均属于中上水平。

2019年，法国人均预期寿命为男性79.9岁，女性85.6岁②，婴儿死亡率为3.8‰，十五年来基本保持稳定。2020年，法国的千人病床数为5.8张③，这是近十年来法国为削减医疗保险开支，不断削减病床数，鼓励用不过夜的门诊手术取代住院的结果。近十年来，法国的基尼系数（见图4-2）整体保持在0.31—0.34之间的低水平，净基尼系数更低，不超过0.3。法国家庭的可支配收入占GDP的70%。在主要发达国家中属于高水平。

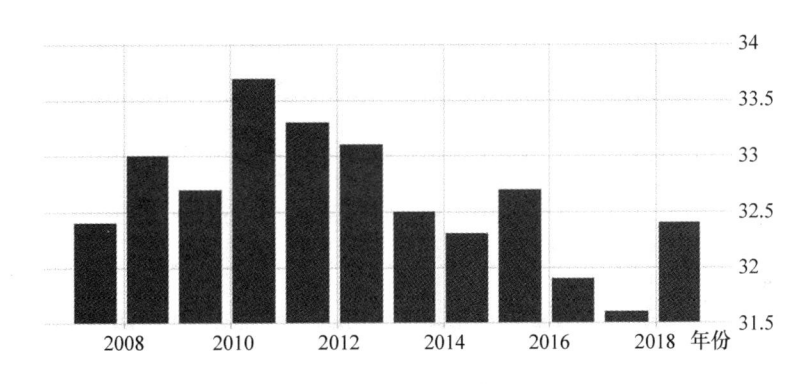

图4-2 法国的基尼系数（世界银行）

数据来源：https：//tradingeconomics.com/france/gini-index-wb-data.html。

二 初次分配

2019年，法国15—64岁人口就业率为65.5%，低于欧盟

---

① https：//data.worldbank.org/indicator/NY.GNP.PCAP.CD? locations = FR.

② https：//www.insee.fr/fr/statistiques/4277640? sommaire = 4318291.

③ https：//fr.statista.com/infographie/12883/lits-hopitaux-disponibles-par-pays/.

28国69.3%的平均水平,在欧盟排倒数第六,仅仅好于比利时、西班牙、克罗地亚、意大利和希腊。其中男性就业率为68.8%,女性为62.4%(见图4-3)①。自2008年以来,法国的就业率变化不大,2008—2016年稳定在63%—64%,2016年之后有显著上升。尽管如此,法国和其他南欧国家一样,就业率始终处于欧盟低水平。反过来,法国的失业率相对较高(见表4-1),长期停留在9%—10%的高水平;青年失业率尤高,常年在20%以上,很多人一毕业就失业。

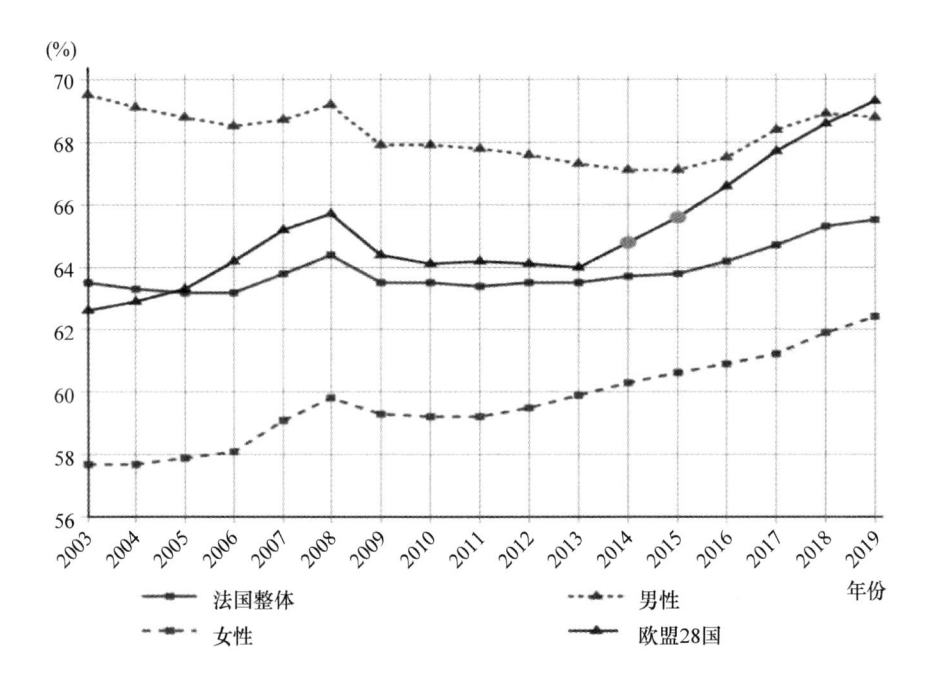

图4-3 法国的就业率(与欧盟对比)

表4-1 法国失业率一览表(%)

年份	2008年	2010年	2012年	2014年	2015年	2016年	2017年	2018年
失业率	7.4	9.3	9.8	10.3	10.4	10.1	9.4	9.1

---

① https://www.insee.fr/fr/statistiques/3281596?sommaire=3281778.

续表

年份	2008年	2010年	2012年	2014年	2015年	2016年	2017年	2018年
女性	7.8	9.5	9.7	10.0	9.9	9.9	9.3	9.1
男性	7.1	9.1	9.8	10.5	10.8	10.2	9.5	9.0
15—24岁	19.0	23.3	24.4	24.2	24.7	24.6	22.3	20.8
25—49岁	6.7	8.4	9.1	9.7	9.7	9.3	8.8	8.5
50—60岁	4.4	5.6	6.1	6.9	7.0	6.9	6.6	6.4

数据来源：https://www.insee.fr/fr/statistiques/3281596?sommaire=3281778。

造成这种局面的主要原因如下：法国也有劳资集体协商机制，但不像德国那样，劳资双方可以心平气和地坐下来谈判，协商寻找折中方案；相反法国继承了大革命以来的激进政治文化传统，并有根深蒂固的平等观念，工会擅长街头斗争，动辄上街游行，不屈不挠地捍卫劳工利益并嘲笑德国人缺乏骨气，轻易妥协。在上述背景下，法国对劳工的保护较好，不许随意裁员（裁员要有充足的理由，由相关机构仲裁，并支付昂贵的赔偿金），不得擅自破产，这导致雇员一旦被聘用就很难被解雇，劳动力市场僵硬，企业无法吐故纳新，这是年轻人失业率高的主要原因——企业不敢轻易雇用没有工作经验的新人，一旦不合适难以裁掉。

法国反对采取像德国那样的、增加劳动力市场灵活性的措施，不鼓励"小微就业"等灵活就业方式，法国人认为，小微就业有使劳动者被永远钉在低技能低报酬、缺乏劳动保护的非正规就业岗位上难以翻身的危险。所以，法国出台了两方面的措施，一方面针对短期合同泛滥、长期合同严重不足的局面，立法打击非正规就业——马克龙出台法案，规定11人以上的企业，若出现太多短期合同及临时工、小时工等不稳定就业，将被处以增缴1个百分点的失业保险分摊金的惩罚。反之，企业的长期合同越多，则缴费越少（少缴1个百分点）。该措施主要针对短期合同工集中的酒店、餐饮等部门。① 在工会的激烈反对下，这一规则暂不适用于短期合同众多的建筑和医疗保健行业。

为了立足长远，提高长期就业率，法国从社会保障转向社会投资，从教育和培训做起，力争为公民提供高质量的、可以持续终身的就业，如为高中毕业考不上大学的青年人提供就业培训并帮助他们就业。在企业和个人之间牵线搭桥，帮助解决就业问题。同时，针对特殊人群加强提供社会服务，例如建立具有职业融入功能的幼儿园，为求职业者特别是单亲母亲提供照看等服务，以便她们腾出时间去找工作。

法国的税收主要分为四类：企业税、个人所得税、消费税、资产税等。

企业税（Fiscalité des entreprises）主要有公司税（L'impôt sur les sociétés，IS）和各类社会保障缴费（见下文）。公司税税率按照营业额的大小分为几档，总体在15%—33%之间，营业额越高，税率越高。② 社会保险（失业、养老、工伤、医疗和家庭津贴）缴费率目前只有养老保险是雇员和雇主共同缴纳，其余四项——家庭津贴、工伤保险、医疗保险都是雇主单方面缴费。医疗保险和失业保险原本也是雇主和雇员共缴，从2018年起国家取消了雇员的缴费，损失部分通过上调用于偿还社会保障赤字的"普遍社会捐税"税率来弥补。"普遍社会捐"（contribution sociale généralisée；CSG）是20世纪90年代开征的以个人的全体收入为税基的税种，专门用来弥补社保支出的不足。法国的企业负担总体来看比较沉重。

消费税以增值税（TVA）为主，标准税率为20%；某些商品和服务可低至10%、5.5%和2.1%。个人所得税为累进制，

---

① 这两个行业暂不适用该措施。

② https：//www.impots.gouv.fr/portail/international－professionnel/impot－sur－les－societes.

2021年税率从0%到45%不等，分为5档（见表4-2）。

表4-2　　　　　　　　个人所得税税率

纳税金额	税率
10084 欧元以下	0
10085—25710 欧元	11%
25711—73516 欧元	30%
73517—158122 欧元	41%
158123 欧元	45%

税后法国人的收入比较平均，中间阶层居多，穷人和富人都是少数，社会呈橄榄型。2018年的统计表明，法国的收入中位数为21250欧元/年，其中收入最低的10%低于11210欧元/年；最富裕的10%为39130欧元/年。收入最高和最低的10%人口的收入比为3.5。① 2018年，法国有930万人生活在贫困线（1063欧元）以下；2018年的相对贫困率为14.8%。②

三　社会再分配

法国主要通过完善的福利制度来进行社会再分配，对社会财富进行转移支付，帮助弱势群体，弥补收入差距。

---

① http：//ses.ens-lyon.fr/actualites/rapports-etudes-et-4-pages/en-2018-les-inegalites-de-niveau-de-vie-augmentent-insee-septembre-2020（Le rapport interdécile（D9/D1）est le rapport entre le niveau de vie plancher des 10 % les plus aisés et le niveau de vie plafond des 10 % les moins aisés. Il est de 3，5 en 2018）.

② http：//ses.ens-lyon.fr/actualites/rapports-etudes-et-4-pages/en-2018-les-inegalites-de-niveau-de-vie-augmentent-insee-septembre-2020.

（一）从摇篮到坟墓的社会保障制度

法国建有从摇篮到坟墓的、完善慷慨的社会保障制度（详见图4-4）。

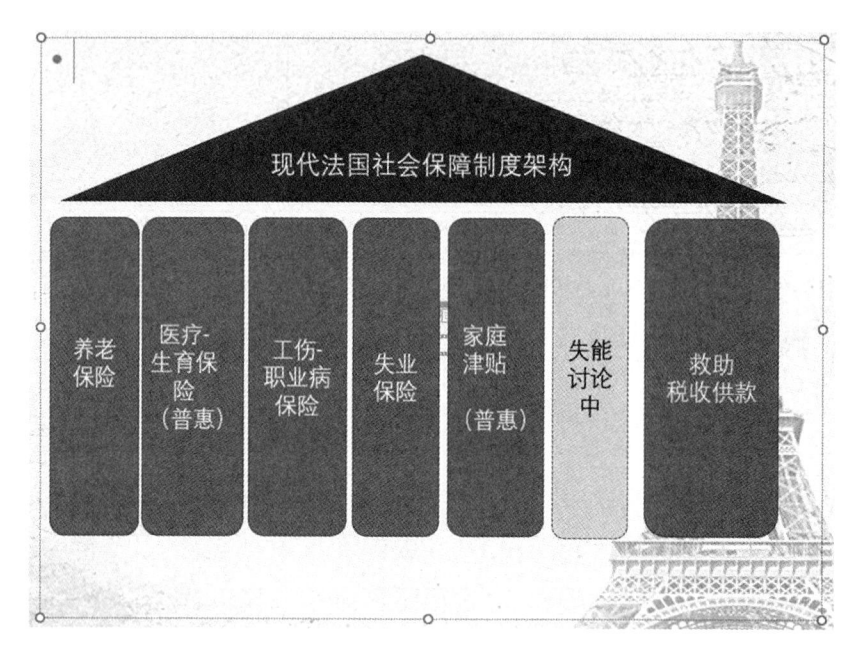

图4-4 法国的社会保障制度

法定养老保险制度由雇主和雇员共同缴费，融资方式为现收现付，不足部分由国家财政补齐，以国家责任为主，市场的作用微乎其微，平均替代率在60%—70%。老年收入的三分之二以上来自法定养老保险；医疗保险是普惠性的，资金此前主要来自雇主和雇员的缴费，目前"普遍社会捐"占了相当一部分比例，雇员缴费于2018年被取消，覆盖全体国民以及符合条件的外国人，向经济弱势群体和健康弱势群体倾斜，重特大疾病、长期慢性病全额报销，无需患者负担；收入低于一定水平者国家全额负担。该制度长期被世卫组织评为全球综合医疗保障能力最好的制度之一，可使人们有效免于因病致贫。在老龄化的背景下，法国医疗保险制度与时俱进，拟将假牙、眼镜、助听器等以前不纳入医保的项目纳入医保；目前还在讨论是否效仿德国，建立失能险。

法国是最早建立家庭政策的国家，早在 20 世纪初就出现了以对母婴支持为主要内容的"家庭政策"，以确保生育率提高和劳动力再生。目前，法国建有由雇主单方面出资的家庭津贴制度，为儿童和家庭提供种类繁多的津贴——基本家庭津贴（普惠，面向所有有孩的法国家庭）、生育津贴、抚育津贴、看护津贴、开学津贴（供开学季购买文具）、残疾儿童津贴等，几乎涵盖了一个孩子从出生到成年的所有需求。该制度最初是普惠性的，且津贴随子女数量的增加而无限递增，近些年经过改革，大多数津贴变成了家计调查型，只面向一定收入之下的群体，并为津贴额设置了封顶，不再随子女数量递增而无限递增。对老年人、残疾人、低收入等社会弱势群体，法国都有相应的救助政策。

法国的公共开支占 GDP 的比重长期在全球居于前列：2018年，法国的公共社会支出占国内生产总值的 30%，远高于经合组织 21% 的平均水平。

（二）社会再分配的效果

法国将全体居民的收入分为 10 级，其中前三级属于低收入阶层，占总人口的 30%，其收入中来自社会补助（即转移支付）的部分占比最高，其中第 1 级也就是收入水平最低的那部分人，其可支配收入的近一半来自社会补助；4—7 级属于所谓的中产阶级，年均可支配收入在 21600—50950 欧元之间；这部分人的收入以经济活动即工资为主，来自社会补助（即社会转移）的比例大幅度降低；反之，税收占到其工资的 10%—17%；第 8 级和第 9 级属于富裕阶层，年均可支配收入在 50090—63870 欧元之间，收入主要来自经济活动，来自社会转移的部分不仅少而且主要来自基本家庭津贴（基本家庭津贴是普惠的）；第 10 级是高收入人群，年均可支配收入在 63870 欧元以上，财产性收入在这部分人的收入中占了很大比例（22%），远远高于 5% 的法国平均水平。这部分人的赋税负担最重，高达 30%，与此同时他们获得的转移支付最少，接近无。转移支付后，法国的收入差距大幅度缩小（见表 4-3 和图 4-5），这清楚地表明了法国社会的"劫富济贫"性质。

表 4-3　　　　　　　　　法国的收入状况与构成

低收入阶层	中间阶层	富裕阶层	高收入阶层
1—3 级 月生活水平低于 1371 欧元（16459 欧元/年）	4—7 级 年均可支配收入 21600—50950 欧元	8、9 级 年均可支配收入 50090—63870 欧元	10 级 年均可支配收入高于 63870 欧元
占总人口 30%	占总人口 50%	占总人口 10%	占总人口 10%
月均可支配收入低于 1800 欧元元，年均低于 21600 欧元	月均可支配收入 2859 欧元，年均 34307 欧元	月均可支配收入 4787 欧元，年均 56980 欧元	
第 1 级，社会补助占 47%，第 3 级，社会补助占 13%，财产收入占 3%	经济活动收入占可支配收入的 67%—80%。社会补助占 1.8%—7.5%；直接税占可支配收入的 10%—17%	经济活动收入占 80%，社会补助占比极低，主要来自家庭津贴（1.2%），直接税占可支配收入的 19%	资产收入占到 22%，直接税占可支配收入的 30%，社会补助只占 0.5%

资料来源：https：//www.lafinancepourtous.com/decryptages/finance - perso/revenus/niveau - et - composition - des - revenus - moyens - en - france/。

由图 4-5 可见，法国的社会再分配效果十分显著。左图是收入最低的 10% 人群的生活水平，其中实线的线段表示再分配之前的生活水平，虚线是再分配之后的生活水平。以 2008 年全

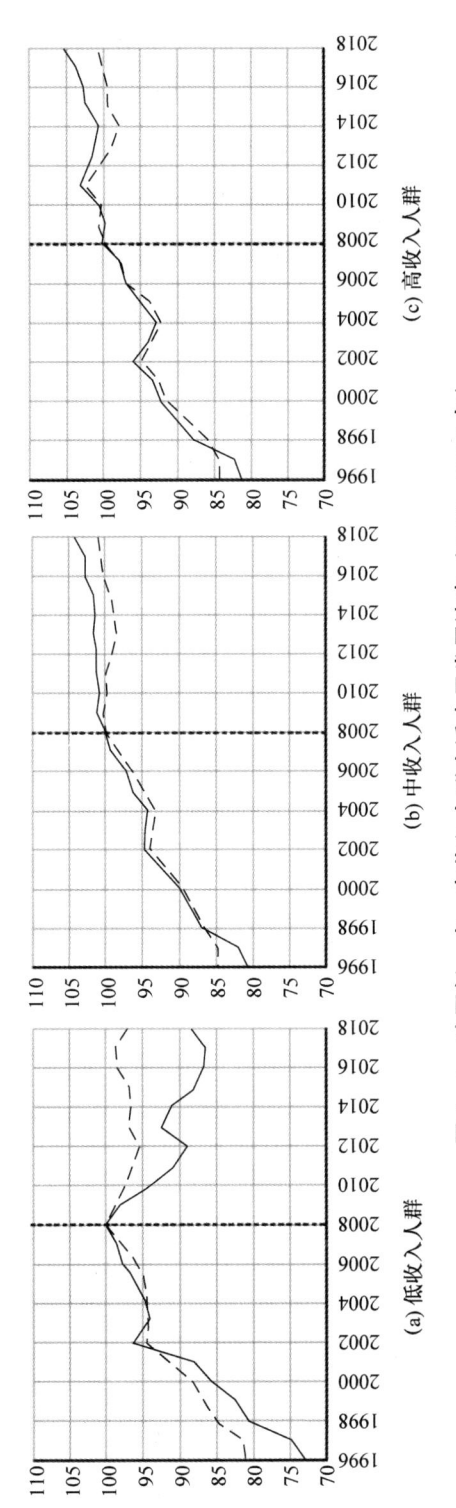

图 4-5 法国低、中、高收入人群生活水平发展演变（1996—2018 年）

实线段：再分配前；虚线段：再分配后。

注：2008 年为 100。

球经济与金融危机为分水岭（危机对低收入者造成了沉重打击），再分配后，低收入者的生活水平显著提升，和生活水平中位数（中图）的差距显著缩小；中图的生活水平中位数在再分配后，生活水平下降；右图是收入最高的10%人群，在再分配后，生活水平同样下降。这也是法国的社会保障制度的减贫效果大大好于英国等国的主要原因。法国的贫困率在欧盟和OECD都是最低水平之一。

四 第三次分配及其他

法国的经济和发展水平存在严重的地区差异；整体而言，巴黎一直独秀，集中了全国的人力物力资源，广大外省地区，除几个大城市外，在基础设施建设、文化和社会资源等方面，和首都存在较大差距。好在法国经济的国有化程度很高，交通、能源等行业基本都是国家负责运营，这确保了铁路、邮政等服务能延伸到那些资本因无利可图而不愿介入的偏远地区。换言之，法国国营铁路公司负债经营的"绿皮火车"和法国邮政、法兰西电力等确保了偏远地区的基本公共服务供给。同时，政府还将一些文化资源向地区转移，以带动地方经济发展，如在兰斯兴建卢浮宫分馆。在欧盟的相关法令下，法国也将开放公共服务业市场，引入外资经营，比如承运某些铁路线路，届时一些严重亏损的支线铁路是否会消亡，引发了法国社会的关注。

五 结论

法国是发达国家中重公平轻效率的典范，可谓劫富济贫、共同富裕的楷模；其经济社会模式具有"国有经济成本占比高、税收高和福利高"的特征，平等观念深入人心，重视通过社会再分配缩小收入差距，被誉为"法式社会主义"。这样一种模式的优点是：公平性很好，社会发展均衡，社会各阶层收入差距较小（尽管这些年有拉大的趋势）；没有赤贫也甚少巨富；民众生活负担小——不存在住房难、看病贵、入学难等问题：贫困群体有社会保障房和廉租房；看病基本不需要花钱，上学免费且教育资源的分配较为均衡。

但是它的缺点也是显而易见的。

首先是国家财政负担重，被形象地形容为"狂撒钱"，医疗保险和养老保险赤字巨大，财政可持续性差。为此，法国政府发明了新税——"普遍社会捐"来弥补社会保险赤字，并对有害健康的酒精、烟草等消费行为课税——烟草税、酒精税；对制药公司课税，来弥补医疗保险亏空；让有潜在增加医疗支出风险的人群（抽烟喝酒者）和以健康为盈利目标的企业多承担一些责任。其次是激励性弱，人们创造财富的积极性不高；而且企业负担重，劳动力成本高，国际竞争力不强，经济低速发展，就业不充分。最后，经济中过多的国有企业成分抑制了中小企业的发展，而中小企业是主要的就业创造者，在这一方面，法国与德国的差别十分明显。

法国模式最大的启发是，在重视公平的同时（我们对法国社会对公平性的重视给与高度评价），应适当给企业松绑，搞活经济。良好的经济发展水平和充分就业是共同富裕的必要前提。

北　欧[*]

一　基本情况

自第二次世界大战以后，西方发达工业化国家汲取了两次世界大战的惨痛经验，改变了19世纪末以来的列强争霸强国强军的路线，走向了以民为导向的福利国家发展方向。这一改变受到了战时经济的经验和主张国家干预的凯恩斯主义的支持，同时也得到第二次世界大战以后流行的进步主义的社会思潮的鼓励。因此，福利国家理念是第二次世界大战以后形成的特殊历史产物。这一理念汲取了国家干预和社会主义理念，把这些思想要素融入到市场经济的经济基础中。它力图对自由资本主义体系进行改革，形成"社会资本主义"或"欧洲社会模式"的路径。作为理论基础，欧洲福利国家采用费边社会主义的政策主张和社会民主主义的思想路线，打破了市场自由主义和社会主义公有制的两极对立，探索第三条道路。

作为政治基础，欧洲各国社会民主党的成长为福利国家的发展提供了政治力量。第二次世界大战以后，在英、法、德、瑞典、丹麦各国中社会主义政党（包括工党、社会民主党、社会党等）的力量通过选举的方式进入（或控制）政府内阁和议会组织，制订了保障民生的一系列社会政策和公共服务项目，

---

[*] 本章执笔人：浙江大学林卡、刘展。

力图实现公平公正的社会图景。这些政治活动也得到工人阶级和各种左翼政治力量的支持，通过阶级协同而建立共识政治，使发展福利国家的目标为全体民众所支持并推进社会进步。因此，在欧洲福利国家体系发展的过程中，左翼政党在其中起到了引领作用。例如，瑞典社会民主党执政长达半个多世纪，对于形成相关的社会政策具有重大的影响力；挪威工党一直位于政府中的领导地位；丹麦社会民主党位于政府的中坚地位；芬兰社会民主党也在议会中一直保持过半数以上席位。这些现实状况都反映了北欧左倾政党所采纳的政策理念和政治基础，对北欧福利国家发展起到关键作用，并在此基础上，有效的把社会主义理念与自由主义市场经济相结合，形成以普惠主义的社会政策为标志的社会民主主义福利国家。

北欧福利国家主要指瑞典、挪威、丹麦、芬兰这四个社会经济制度十分相似的国家。自1990年代后，地理位置邻近的冰岛的社会制度和社会政策慢慢靠拢上述四国，被称为"北欧五国"。因此，本研究也包括冰岛。北欧五国的国家的GDP总量和人均GDP在国际比较中都处于发达水平，而社会福利状况也处于国际领先地位。该五国科技水平发达，具备经济发展的巨大潜力。北欧国家人口规模较小，五国人口总数为2635万人，但土地面积很大。在这五国中，瑞典人口为969万、丹麦为564万、芬兰为555万、挪威为514万、冰岛为33万。其预期寿命各国情况有所不同（见表5-1），但各国男女期望寿命的平均值都在80岁以上。以芬兰为例，其男性预期寿命为78.8岁，女性预期寿命为84.35岁，两者的平均值为81.57岁。由于北欧五国人口较少，这是其人均GDP水平位居世界前列的主要原因（见表5-2）。这些国家在历史上曾经是欧洲的贫困地区，人口外流严重。在进入福利国家建设后，这些国家的社会经济生活才得以大幅度提升，社会建设成效显著，并且得到国际社会的高度关注。

表 5-1 预期寿命

		2010年	2011年	2012年	2013年	2014年	2015年	2016年	2017年	2018年	2019年	2020年
丹麦	男人	77.2	77.8	78.1	78.3	78.7	78.8	79.0	79.2	79.1	79.5	79.6
	女人	81.4	81.9	82.1	82.4	82.8	82.7	82.8	83.1	82.9	83.5	83.6
瑞典	男人	79.6	79.9	79.9	80.2	80.4	80.4	80.6	80.8	80.9	81.5	80.7
	女人	83.6	83.8	83.6	83.8	84.2	84.1	84.1	84.1	84.3	84.8	84.2
芬兰	男人	76.9	77.3	77.7	78.0	78.4	78.7	78.6	78.9	79.1	79.3	79.4
	女人	83.5	83.8	83.7	84.1	84.1	84.4	84.4	84.5	84.5	84.8	85.0
挪威	男人	79.0	79.1	79.5	79.8	80.1	80.5	80.7	81.0	81.1	81.3	81.6
	女人	83.3	83.6	83.5	83.8	84.2	84.2	84.2	84.3	84.5	84.7	84.9
冰岛	男人	79.8	80.7	81.6	80.5	81.3	81.2	80.4	81.1	81.3	81.7	81.7
	女人	84.1	84.1	84.3	83.7	84.5	83.8	84.1	84.3	84.5	84.7	84.5

数据来源：https://pxweb.nordicstatistics.org/pxweb/en/Nordic%20Statistics/Nordic%20Statistics_ _ Health_ _ Life%20expectancy/LIFE01.px/tableViewLayout2/?rxid=4bd7ba15-3c4a-4793-8711-6db1fc878223。

表5-2 2010—2019年人均GDP

单位：欧元

	2010年	2011年	2012年	2013年	2014年	2015年	2016年	2017年	2018年	2019年
丹麦	32900.0	33500.0	33900.0	34300.0	35300.0	36900.0	37100.0	38700.0	39700.0	41400.0
芬兰	29800.0	30900.0	30900.0	30500.0	30800.0	31900.0	32100.0	33200.0	34400.0	35400.0
挪威	44300.0	46800.0	49400.0	49200.0	48600.0	45400.0	42100.0	44800.0	47800.0	46600.0
瑞典	32300.0	33700.0	34300.0	34000.0	34800.0	36900.0	36000.0	36300.0	37000.0	37800.0
冰岛	30300.0	30800.0	31700.0	32400.0	33700.0	36700.0	37900.0	38500.0	39500.0	40200.0

数据来源：https://pxweb.nordicstatistics.org/pxweb/en/Nordic%20Statistics/Nordic%20Statistics__Economy__Economic%20structure/KEY01.px/?rxid=4bd7ba15-3c4a-4793-8711-6db1fc878223。

北欧社会民主主义的福利国家模式与美英自由主义模式和欧洲大陆保守模式相比较，具有明显的特点。北欧国家不仅实现了较高的经济发展水平，还成功地实现了社会公平与公正。北欧国家的贫困率普遍较低，且贫富差距小，其基尼系数在0.23—0.28之间，显著低于0.30—0.31的欧盟平均值（见表5-3）。

表5-3　　　　北欧国家的基尼系数2010—2020年

	2010年	2011年	2012年	2013年	2014年	2015年	2016年	2017年	2018年	2019年	2020年
丹麦	0.27	0.27	0.27	0.27	0.28	0.27	0.28	0.28	0.28	0.28	0.27
芬兰	0.25	0.26	0.26	0.25	0.26	0.25	0.25	0.25	0.26	0.26	0.27
冰岛	0.26	0.24	0.24	0.24	0.23	0.25	0.24	0.25	0.23	—	—
挪威	0.24	0.23	0.23	0.23	0.24	0.24	0.25	0.26	0.25	0.25	—
瑞典	0.26	0.26	0.26	0.26	0.27	0.27	0.28	0.28	0.27	0.28	—
欧盟	0.30	0.31	0.30	0.31	0.31	0.31	0.31	0.30	0.30	0.30	—

数据来源：https：//pxweb.nordicstatistics.org/pxweb/en/Nordic%20Statistics/Nordic%20Statistics__Social%20integration%20and%20income__Poverty/GINI01.px/table/tableViewLayout2/?rxid=4bd7ba15-3c4a-4793-8711-6db1fc878223）。

本研究将聚焦于这些国家在社会保障和公平服务方面所取得的进展并且展开政策讨论。研究将从收入的初次分配，社会再分配，以及第三次社会分配入手，同时关注收入分配和公共服务可及性的问题，并力图讨论北欧社会经济富裕与社会稳定对提升公民人文精神和社会团结意识所产生的影响。讨论也要涉及经济发展和创新导向，以回应公平与效率这一对于福利国家研究领域中的核心话题。

二　初次分配及相关政策

对社会财富的初次分配是指国民总收入直接与生产要素相

联系的分配。这些要素包括劳动力、资本、土地和技术等。初次分配是人们根据在生产过程中所做的贡献，对于各种生产要素的贡献者予以回报。这些回报不仅仅是对于劳动者的工资给付，也是给予资金、技术、管理、生产资料、信息、市场、营销等要素提供者的回报。这就涉及阶级利益和资源的分配。因此，初次分配要解决在市场中如何处理各利益相关方的协调问题，讨论各方的利益分配的方式和水平，这是初次分配的关键问题。

北欧国家的经济结构以私营经济为主，是市场经济国家。以瑞典为例，生产资料大多归私人所有，国有企业在工业部门中占比很小，商业大多被私营企业所运作。私营企业雇用的劳动力占总劳动力的80%以上。北欧国家依靠在20世纪50年代以来发展起来的三方谈判机制来协调劳资关系，三方谈判在确定劳动报酬、劳动条件、就业条件、企业发展规划及对员工福利待遇的保障等方面都起到了重要的作用。北欧国家的工会组织力量强大，在员工就业方面起到强而有力的保护作用。同时北欧国家在制定最低工资标准、行业指导标准等方面都作出具体的规定，设立的门槛也非常高。在北欧的企业运作中，不论是雇主还是职工都具有很强的法律意识，企业主和员工都在劳动合同的基础上形成契约共识，即便是私人雇佣中的工作关系也较为正式。这一方面使员工的雇佣关系得到了法律的保护，譬如员工在生病，生产，意外工伤等状况下其权利也受到劳动关系相关法律的保护，另一方面企业在员工福利方面也不必承担过多的社会公共责任。

近年来北欧国家劳动力市场平稳发展。北欧国家经济持续低速增长。但与此同时，通货膨胀率也较低。比较这两组数据可以看到北欧国家的可持续增长。另一方面，北欧各国自21世纪以来采取积极的劳动力政策促进就业。近十年来其就业率一直保持在70%以上，登记失业率仅为3%—8%。在就业和相关工资报酬方面的法律规范的制定中,北欧国家对于劳动者利益的保护起到了重要的作用。政府制定并严格执行最低工资标准和企业为职工缴纳的各项社会保险,在初次分配中职工的工资水平也不低。

表5-4　　　　　　2010—2020年北欧国家的经济增长率　　　　　单位:%

	2010年	2011年	2012年	2013年	2014年	2015年	2016年	2017年	2018年	2019年	2020年
丹麦	1.9	1.3	0.2	0.9	1.5	2.3	2.8	2.2	2.8	-2.7	
瑞典	6.0	3.2	-0.6	1.2	2.7	4.5	2.1	2.6	2.0	2.0	-2.8
芬兰	3.2	2.5	-1.4	-0.9	-0.4	0.5	2.8	3.2	1.3	1.3	-2.8
挪威	0.7	1.0	2.7	1.0	2.0	2.0	1.1	2.3	1.1	0.9	-0.8
冰岛	-2.8	1.8	1.1	4.6	1.7	4.4	6.3	4.2	4.7	2.6	-6.6

数据来源:https://pxweb.nordicstatistics.org/pxweb/en/Nordic%20Statistics/Nordic%20Statistics__Economy__Economic%20structure/KEY01.px/table/tableViewLayout2/?rxid=4bd7ba15-3c4a-4793-8711-6db1fc878223。

表5-5　　　　　　2010—2020北欧国家的通胀率　　　　　　单位:%

	2010年	2011年	2012年	2013年	2014年	2015年	2016年	2017年	2018年	2019年	2020年
丹麦	2.3	2.8	2.4	0.8	0.6	0.5	0.2	1.1	0.8	0.8	0.4
冰岛	5.4	4.0	5.2	3.9	2.0	1.6	1.7	1.8	2.7	3.0	2.8
挪威	2.4	1.3	0.6	2.1	2.1	2.1	3.6	1.8	2.7	2.2	1.3
瑞典	1.2	8.0	0.9	0.0	-0.2	0.0	1.0	1.8	2.0	1.8	0.5
芬兰	—	—	—	—	—	—	0.3	0.7	1.1	1.0	0.3

数据来源:https://pxweb.nordicstatistics.org/pxweb/en/Nordic%20Statistics/Nordic%20Statistics__Economy__Economic%20structure/KEY01.px/table/tableViewLayout2/?rxid=4bd7ba15-3c4a-4793-8711-6db1fc878223。

北欧国家也注重维护雇主的利益。国家保护正常经营的私营业主的合法权益,鼓励企业创新,并且尊重市场经济体制运作规律,在法律框架下为企业正常运作提供公共服务。北欧企

表 5-6　2010—2020 年就业率、失业率

		2010年	2011年	2012年	2013年	2014年	2015年	2016年	2017年	2018年	2019年	2020年
丹麦	失业率	7.9	7.9	8.0	7.6	7.1	6.5	6.2	6.0	5.3	5.1	5.8
	年龄15—64岁男/女 就业率	71.6	21.3	70.7	70.5	70.9	71.7	72.4	73.0	73.9	74.8	74.1
瑞典	失业率	8.8	8.0	8.1	8.2	8.1	7.6	7.1	6.9	6.5	7.0	8.5
	年龄15—64岁男/女 就业率	72.1	73.6	73.7	74.4	74.9	75.5	76.1	76.9	77.4	77.2	75.5
芬兰	失业率	8.5	7.9	7.8	8.3	8.8	9.6	9.0	8.8	7.5	6.8	7.9
	年龄15—64岁男/女 就业率	67.9	68.6	69.0	68.5	68.3	68.1	68.7	69.6	71.7	72.6	71.6
挪威	失业率	3.6	3.3	3.2	3.5	3.6	4.4	4.8	4.3	3.9	3.8	4.5
	年龄15—64岁男/女 就业率	75.1	75.1	75.6	75.2	75.0	74.6	74.1	73.8	74.6	75.1	74.4
冰岛	失业率	7.7	7.2	6.1	5.5	5.1	4.1	3.1	2.9	2.7	3.6	5.7
	年龄15—64岁男/女 就业率	74.6	74.8	75.4	77.0	77.9	79.5	80.9	80.4	79.8	79.1	75.5

数据来源：https://www.nordicstatistics.org/labour-market/。

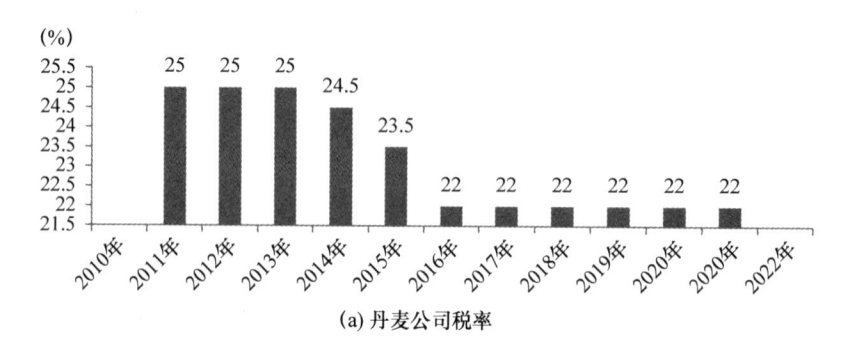

(a) 丹麦公司税率

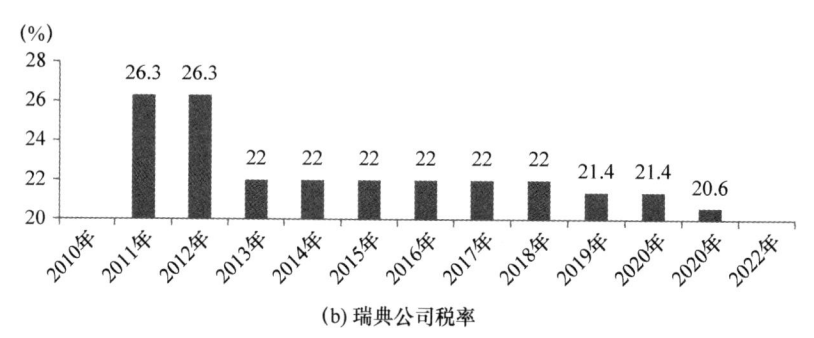

(b) 瑞典公司税率

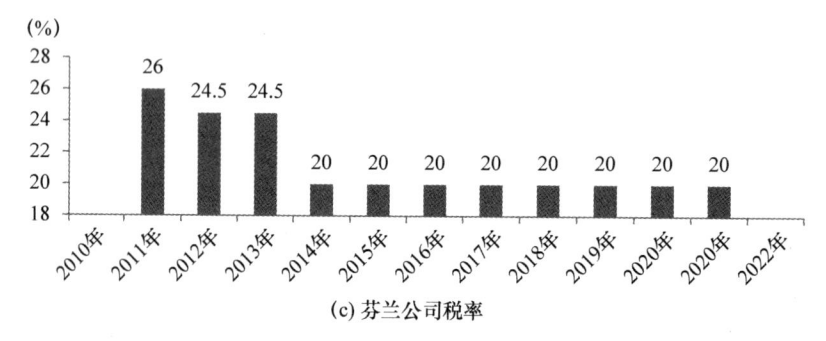

(c) 芬兰公司税率

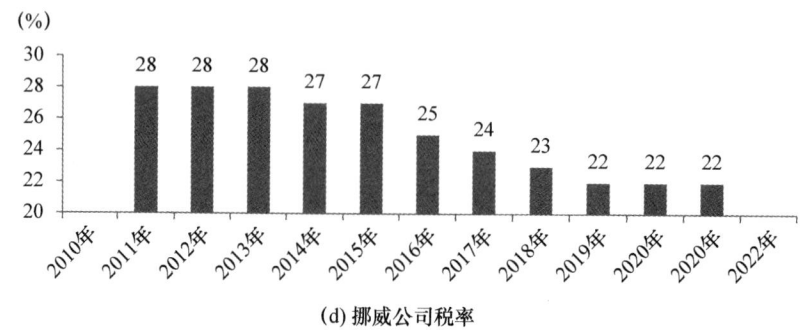

(d) 挪威公司税率

```
(%)
20.2
       20  20  20  20  20  20  20  20  20  20  20
20
19.8
     2010年 2011年 2012年 2013年 2014年 2015年 2016年 2017年 2018年 2019年 2020年 2020年 2022年
```

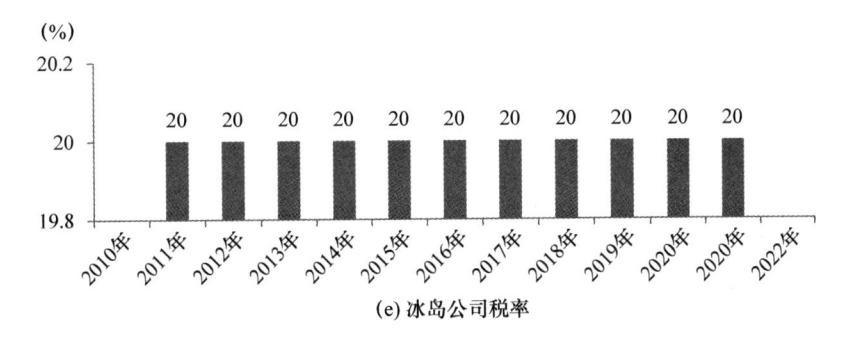

(e) 冰岛公司税率

图 5-7 北欧五国公司所得税率及说明

数据来源：https://tradingeconomics.com/。

业上交的税率被设定为 20%—25%。这些国家在 2012 年到 2014 年间企业税率有很大的下降（见图 5-7），以鼓励企业创新创业。在北欧，国家依法保护私有财产，资方的利益得到法律保护，土地农场企业都可以进行买卖，按照市场规律办事。在经济基础上，北欧国家的私营经济在国民经济中占有主导地位。工业、农业、商业，私营企业成为国民经济的主要成分，国有企业所占的比重有限。北欧企业运作中强调市场经济的自主运作。在 20 世纪 80 年代瑞典曾进行企业社会主义的实验，一些企业自发地采取使每个员工都具有企业股份的想法，使每个员工为自己企业劳动。但这种基于合作主义的企业产权的社会主义改造的试验后来并没有流行起来。

与此同时，所有社会成员都要向国家缴纳收入所得税，并且对于高收入者，税率设置在 40% 以上（见图 5-8）。挪威和冰岛的税率常常在 40% 以上，而丹麦、瑞典和芬兰的个人所得税一直在 50% 以上（除了 2020 年的疫情外）。这种高税收的比率为福利国家的公共财政供给提供了基础，为形成中产阶级社会提供了物质条件。这一个人所得税的税率与企业的税率相比几乎高出一倍，反映了政府的经济政策对于企业运作的支持。但在另一方面，雇员的工资水平也很高，是全球比较中最高之

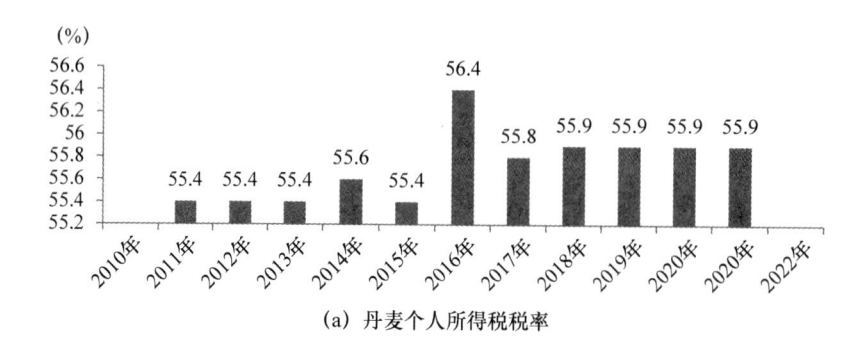

(a) 丹麦个人所得税税率

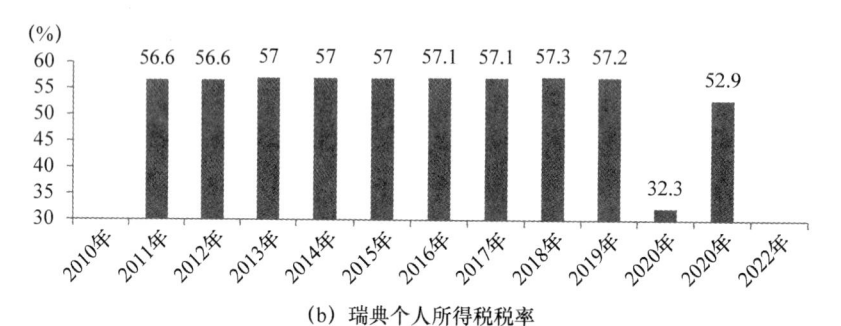

年份	2011	2012	2013	2014	2015	2016	2017	2018	2019	2020	2021
税率(%)	55.4	55.4	55.4	55.6	55.4	56.4	55.8	55.9	55.9	55.9	55.9

(b) 瑞典个人所得税税率

年份	2011	2012	2013	2014	2015	2016	2017	2018	2019	2020	2021
税率(%)	56.6	56.6	57	57	57	57.1	57.1	57.3	57.2	32.3	52.9

(c) 芬兰个人所得税税率

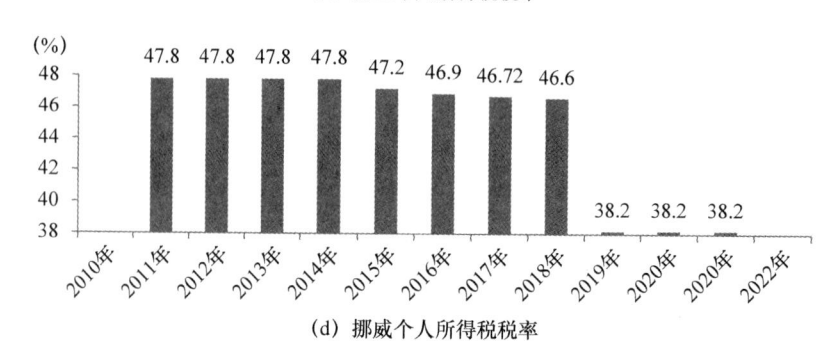

年份	2011	2012	2013	2014	2015	2016	2017	2018	2019	2020	2021
税率(%)	49.17	49	49	49	52.35	54.25	54	53.75	53.75	56.95	56.95

(d) 挪威个人所得税税率

年份	2011	2012	2013	2014	2015	2016	2017	2018	2019	2020	2021
税率(%)	47.8	47.8	47.8	47.8	47.2	46.9	46.72	46.6	38.2	38.2	38.2

(e) 冰岛个人所得税税率

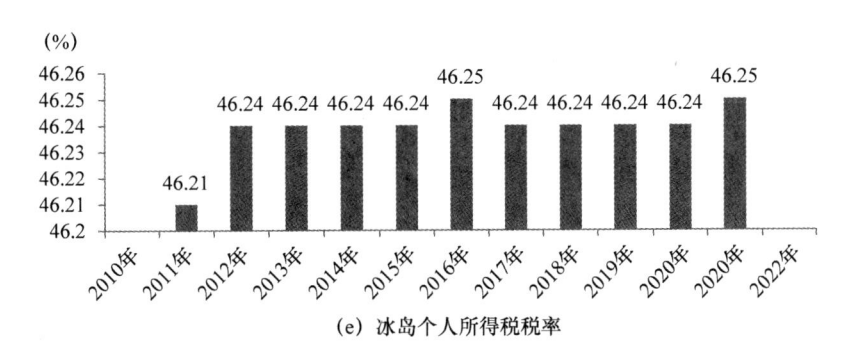

图 5-8 北欧五国个人所得税税率及说明

数据来源：https://tradingeconomics.com/。

一。即便在税后，北欧国家的人均收入也处于高位。

三 社会再分配及相关政策

基于社会民主主义的理念和社会团结精神，北欧福利国家追求社会的公平公正，因而在社会保障和社会服务方面发展了许多社会项目来进行社会再分配。在这些项目中，公共财政指标就成为收入转移的总体状况的基本指证。由此，考察北欧各国的公共财政的状况和在各项社会保障方面的开支状况，能够反映出北欧国家的再分配效应。从表 5-9 可以看到北欧五国公共开支的总体状况。这一表格反映了这些国家中公共开支与社会福利方面的基本状况。在北欧五国中，在 2020 年，丹麦，芬兰，挪威和瑞典，政府公共开支占 GDP 的比重分别为 54.0%、56.7%、58.4% 和 52.9%。这些数据与欧盟各国的平均值 52.9% 相比并无多大差别，只有冰岛的比重略低，为 49.7%。

但在公共开支的构成上，丹麦，芬兰，挪威和瑞典这四国在"对于职工的补偿"（社会保险等）这一栏目的数值分别是 15.4%、12.8%、16.5% 和 13.1%，而在此项冰岛的比重为

表 5-9　北欧国家的一般政府开支构成

单位：%

国别	指标	2010年	2011年	2012年	2013年	2014年	2015年	2016年	2017年	2018年	2019年	2020年
丹麦	一般政府开支总额	56.7	56.4	58.0	55.8	55.2	54.5	52.5	50.5	50.5	49.2	53.9
	雇员薪酬（应付）	17.3	16.8	16.6	16.4	16.2	16.0	15.5	15.2	15.1	14.9	15.4
	实物社会转移以外的社会福利（应付）	17.1	17.2	17.3	17.4	17.2	17.0	16.5	16.1	15.8	15.6	16.6
	实物社会转移—购买的市场生产（应付）	1.7	1.6	1.6	1.5	1.5	1.5	1.5	1.4	1.4	1.4	1.4
	其他经常转移（应付）	3.4	3.2	3.4	3.4	3.0	3.1	2.9	3.0	3.1	3.0	3.3
芬兰	一般政府开支总额	53.9	53.7	55.4	56.8	57.3	56.5	55.6	53.6	53.4	53.2	56.7
	雇员薪酬（应付）	14.0	13.9	14.2	14.3	14.1	13.8	13.2	12.4	12.4	12.5	12.8
	实物社会转移以外的社会福利（应付）	17.4	17.1	17.9	18.8	19.5	19.7	19.4	18.8	18.4	18.2	19.5
	实物社会转移—购买的市场生产（应付）	2.5	2.6	2.6	2.7	2.7	2.8	2.8	2.8	2.8	2.9	3.1
	其他经常转移（应付）	2.8	2.8	2.8	2.9	2.9	2.7	2.6	2.3	2.4	2.4	2.8
冰岛	一般政府开支总额	48.9	50.7	47.9	46.1	45.9	43.6	46.5	44.5	44.0	43.4	49.7
	雇员薪酬（应付）	13.2	13.2	13.3	13.2	13.5	13.5	13.5	14.1	14.2	14.2	16.1
	实物社会转移以外的社会福利（应付）	7.2	7.8	7.3	6.8	6.7	6.1	5.9	6.5	6.6	7.3	9.9
	实物社会转移—购买的市场生产（应付）	—	—	—	—	—	—	—	—	—	—	—
	其他经常转移（应付）	1.8	1.6	1.5	1.5	1.5	1.4	1.6	1.6	1.7	1.7	2.0

续表

国别	指标	2010年	2011年	2012年	2013年	2014年	2015年	2016年	2017年	2018年	2019年	2020年
挪威	一般政府开支总额	45.4	44.2	43.3	44.4	46.3	49.3	51.5	50.5	48.8	51.5	58.1
	雇员薪酬（应付）	13.4	13.2	13.2	13.5	13.9	14.7	15.3	15.1	14.6	15.3	16.3
	实物社会转移以外的社会福利（应付）	13.4	13.2	13.2	13.3	13.8	14.8	15.4	15.0	14.2	14.7	16.9
	实物社会转移—购买的市场生产（应付）	2.1	2.0	2.0	2.0	2.1	2.2	2.3	2.2	2.1	2.2	2.4
	其他经常转移（应付）	2.5	2.4	2.3	2.4	2.6	2.8	2.9	2.8	2.7	2.9	3.4
瑞典	一般政府开支总额	50.4	49.7	50.9	51.6	50.7	49.3	49.7	49.2	49.8	49.3	52.9
	雇员薪酬（应付）	12.2	12.1	12.5	12.7	12.6	12.4	12.6	12.6	12.7	12.7	13.1
	实物社会转移以外的社会福利（应付）	13.8	13.2	13.8	14.1	13.7	13.2	13.1	12.8	12.6	12.3	13.0
	实物社会转移—购买的市场生产（应付）	3.1	3.2	3.3	3.4	3.5	3.6	3.9	3.7	3.6	3.5	3.7
	其他经常转移（应付）	2.8	2.6	2.6	2.8	2.7	2.6	2.3	2.4	2.7	2.6	3.2
欧盟	一般政府开支总额	50.5	49.2	49.7	49.6	49.0	48.1	47.3	46.7	46.6	46.6	53.4
	雇员薪酬（应付）	10.9	10.6	10.6	10.6	10.5	10.3	10.2	10.1	10.1	10.1	11.0
	实物社会转移以外的社会福利（应付）	16.7	16.4	16.7	16.9	16.9	16.6	16.5	16.2	16.1	16.2	18.7
	实物社会转移—购买的市场生产（应付）	5.2	5.1	5.1	5.2	5.3	5.2	5.3	5.3	5.2	5.3	5.7
	其他经常转移（应付）	2.3	2.2	2.3	2.4	2.3	2.2	2.2	2.1	2.2	2.2	2.6

数据来源：https：//pxweb.nordicstatistics.org/pxweb/en/Nordic%20Statistics/Nordic%20Statistics/PUBS11.px/table/tableViewLayout2/?rxid=4bd7ba15-3c4a-4793-8711-6db1fc878223。

16.1%。欧盟在此项的比重为11.0%。在"非实物形式的社会津贴"栏目中，丹麦，芬兰，挪威和瑞典这四国的数据为16.6%、19.5%、17.0%和13.0%，只有冰岛为9.9%，欧盟均值为18.7%。如果我们把对于职工的补偿和对于社会津贴现金给付两项相加，可以得到这些国家花在社会福利和社会保障方面的基本开支（不完全的比率）。在丹麦、芬兰和挪威这三国中分别为32%、32.3%、33.5%，冰岛和瑞典分别为26%和26.1%，与欧盟的均值29.7%相比较，丹麦、芬兰、挪威高于均值，而冰岛和瑞典低于均值。由此，我们大致总结为，丹麦、芬兰、挪威这三国用于社会保障和社会福利的开支占其GDP三分之一左右，而冰岛和瑞典这一比重为占四分之一以上。

除了通过社会开支的状况来考察北欧国家的社会保障和社会福利状况水平外，也要通过社会政策项目的类型来反映北欧国家体制模式的特点。在各种社会政策项目中，北欧国家最具代表性的项目体现在社会津贴上。北欧国家自20世纪30年代起开始发展儿童津贴，开辟了最早的北欧普惠主义的政策项目。目前，北欧各国的儿童只要拥有当地合法居住权，都可以拿到儿童津贴。又如20世纪80年代以后，随着女权主义的发展，北欧母亲的福利待遇也得到进一步的提升。另外还设有类似住房津贴、家政服务津贴、学生津贴等。各种社会津贴项目的有效实施能够确保民众具有有尊严的生活，也能增强公民意识及社会凝聚力。

在各种社会开支的项目中，我们可以就社会保障和社会服务支持的状况做一个概览。首先，反贫困与社会救助项目是社会保障体系的最为基本的项目。在北欧各国的社会救助项目的公共财政投入中，其状况基本保持稳定。其次是投入在家庭和儿童的项目上的社会开支，除了丹麦有所下降外，其他各国保持平稳。在就业支持政策上起伏较大，特别是在2008—2009年相继发生美国金融危机和欧洲债务危机后，社会开支迅速提升，随后逐渐下降。在医疗保险和养老保险方面，各国的开支也能够基本保持平稳延续，反映出该体系具有较强的可持续性。

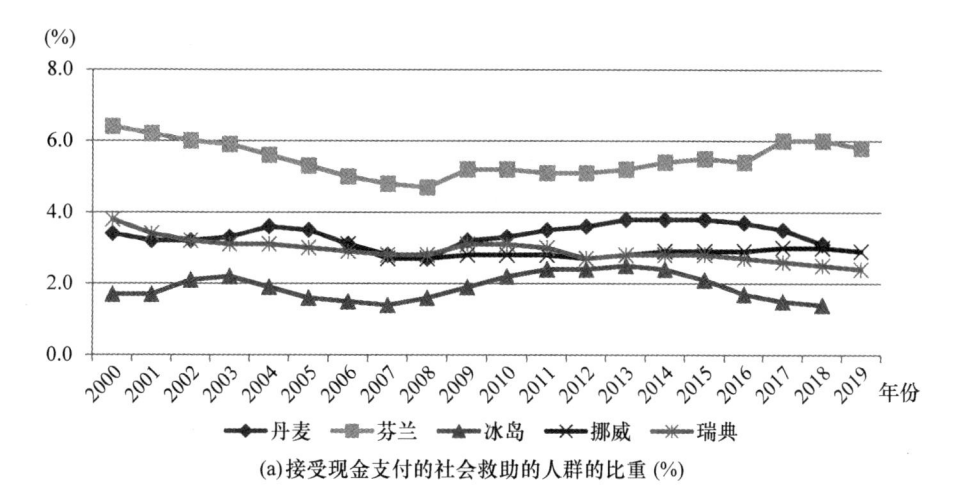

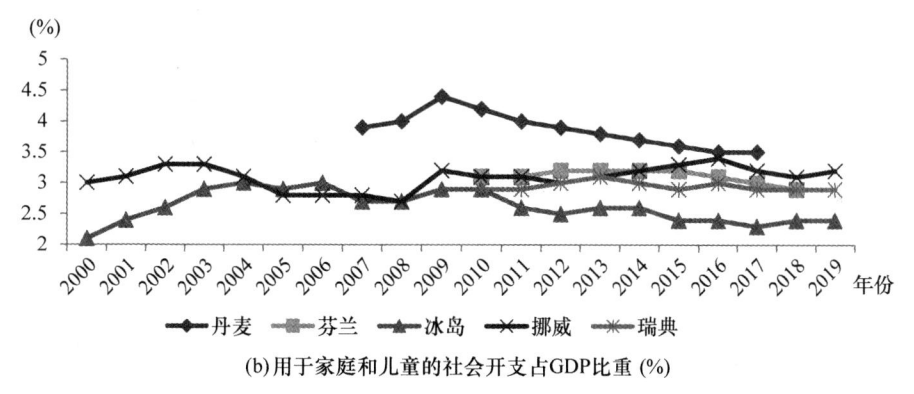

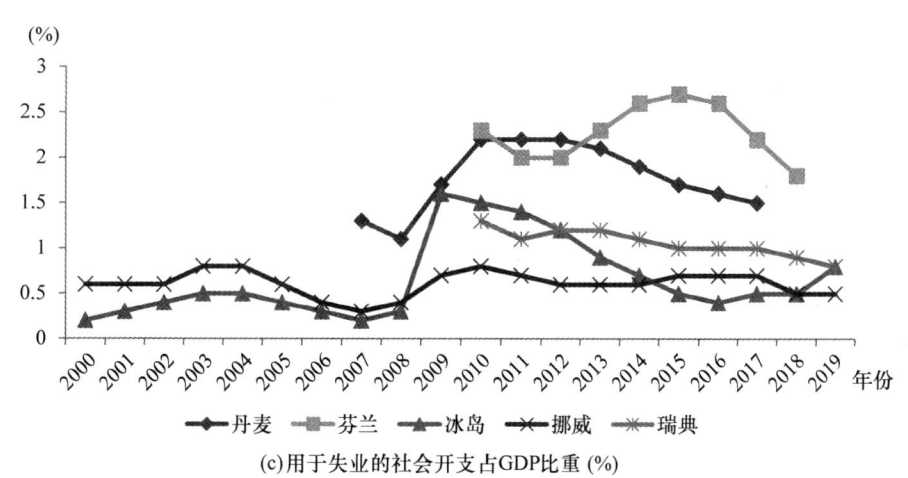

(a) 接受现金支付的社会救助的人群的比重 (%)

(b) 用于家庭和儿童的社会开支占GDP比重 (%)

(c) 用于失业的社会开支占GDP比重 (%)

(d) 用于医疗保障的社会开支占GDP比重 (%)

(e) 用于支付养老金的开支占GDP比重 (%)

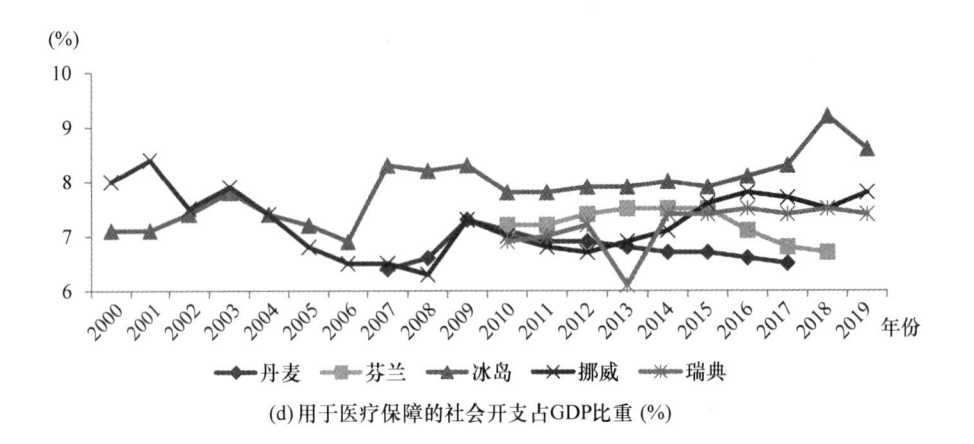

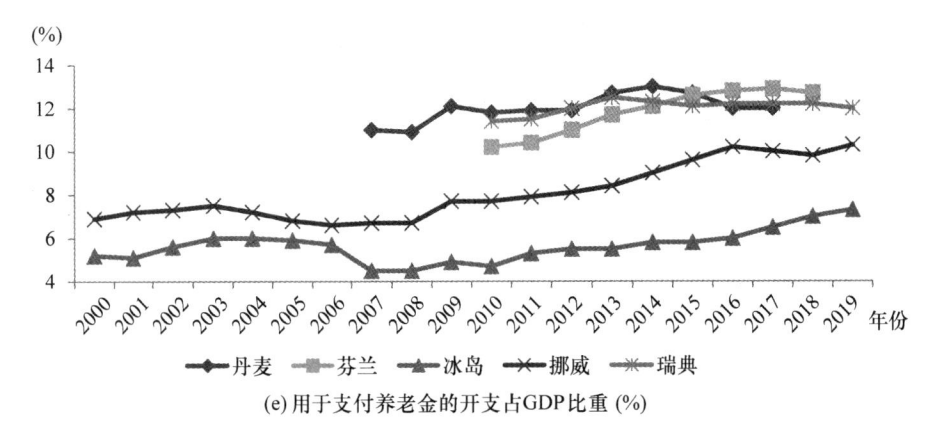

图 5-10 北欧国家各类社会福利开支占 GDP 的比例（%）

https://www.nhwstat.org/.

四 社会服务

要维护人们基本生存条件和实现社会保障目标，仅有资金的保障是远远不够的。北欧福利国家的发展不仅体现在收入转移和收入保障上，也体现在社会服务上。特别是针对老人、妇女、儿童、残疾人群等弱势群体的保障（见图 5-10）。北欧国家的福利服务体系是从 20 世纪 70 年代以后逐步发展起来的。在这一发展过程中，北欧国家首先强化了儿童的受教育的权利和享有儿童津贴的权利，随后又发展了母亲照顾孩童的津贴。

进入21世纪以来欧洲逐渐进入深度老龄化。在老龄化的压力下，北欧国家把发展养老服务作为福利服务的焦点问题。在养老服务中，北欧国家由地方政府承担老人的入院、居家照顾等相关的公共医疗服务，也通过专业机构评估服务等级与数量的必要性。

由于社会服务的领域很广，这里将以教育，医疗作为基本的指标来反映其基本的状况。在教育方面，北欧国家在提升竞争力方面把强化教育作为基本的手段，重视人力资本的投资，提高国民素质和国民的科学素养。无论是教育还是科研的资金投入，其占GDP的比例在全球都是最高的一档。北欧五国从25岁到39岁具有大学文凭的比例占该人群百分比高于欧盟的平均值。这种公民所具有的知识文化教育的高等水平为这些国家成为创新型的国家提供了知识条件基础，为年轻人缓解就业的压力提供了基本的出路。同时，它也为企业发展提供了人力资源和智力资源。正是因为对于教育和科研的高度重视，在这些小国中才能诞生诸如爱立信、诺基亚、Skype、Spotify、乐高、宜家、沃尔沃等众多的行业领军企业。而这些企业在全球市场中都展示了北欧强大的竞争力。

在医疗方面，北欧国家在发展医疗服务体系上主要建立了公共服务体系，其医生护士人数和医院病床位数所具有的水平曾经较高。根据OECD统计数据，在丹麦医生人数从2012年的每千人4.04人增加到2019年的4.45人，护士从10.87人增到11.45人。在瑞典，同期的医生人数从4.09到4.53，护士人数为11.42到11.49. 芬兰的人数为3.26到3.33（相应的护士人数缺乏，仅有2014年的15.73和2015的15.84）。在挪威，相应的医生人数为4.77到5.51，护士人数19.48到20.78. 在冰岛，医生人数为3.5到3.87，护士人数为14.82到15.36。从Nordic Statistics的统计数据也反映出（尽管数据不完全），北欧各国的护士人数在增加。但同时我们也注意到，北欧各国的床位都有所削减。目前其所具有的病床每千人床位在国际比较中并不高。

在另一方面,我们也看到老龄化和全球化对北欧福利国家提出了新的挑战。譬如在经济全球化的条件下,北欧经济受到国际市场的影响,因而其福利体系的财政资源扩展和再分配机制的运作要考虑更为复杂的社会政策决策背景。以老龄化的挑战为例,北欧国家中退休人员的群体不断扩大,因而对于养老金和养老服务的需求在不断增大。其退休群体的增长速度很快,从2010年到2017年的7年中,这些国家的增长率分别是28%(丹麦),51%(芬兰),65%(挪威),142%(冰岛),31%(瑞典)。这给社会保障和社会服务造成严重的压力,也是我们解释其千人床位数量较低的一个原因。

五 民间资源

在不同的国家和市场关系中,其福利投递有的是以政府为主,有的以福利市场为主。在北欧国家,其社会服务体系的结构以公共服务为导向,发展对于民众的各种福利服务主要是地方政府的责任。在北欧,随着福利国家体系的发展,形成了庞大的公共部门。在北欧国家的公共部门的雇佣人员中,高达70%以上的雇员从事与福利公共服务相关的工作。这表明随着北欧福利制度的发展,其政府福利治理的能力也在不断强化,从而形成了通过社会服务来介入公民的生活并提供帮助的"社会服务国家"。

诚然,社会福利的投递也要通过民间机构、志愿者组织和商业机构来推行。自20世纪90年代开始北欧国家推进了福利改革的私有化进程,鼓励医院、学校等公共服务机构私有化。改革削弱了北欧国家的公共服务体系(正如我们在千人病床床位的例子中看到的),对于弱势群体产生了一定的负面影响。北欧国家的改革政策力图倡导民间资源的介入，推进福利多元化政策，但是这些改革未能得到预期性的成效。在进行了长达10年的改革后，人们看到除私营医院外，其他公共领域仍然是由国家提供服务。福利国家的合法性没有发生根本性动摇，北欧国家公共福利部门仍然保持公共福利的性质（以至于一些学者讨论福利国家的回归）。

在北欧，社会组织和非盈利机构积极活动，在公民社会中起到积极的作用。20世纪80年代在新自由主义政治体制的影响下，政府试图通过引入市场机制，鼓励社会参与，把国家福利转变到由政府、企业、基金会及非盈利组织多方主体共同参与协作的体系中。其目的不仅在于获得更高效率的公共服务，也希望减低政府开支预算。但是，尽管北欧的自愿者很多，社会参与的态度十分积极，但其参与的主动意愿是基于自身对文体活动的兴趣。其作用主要体现在创造和培育积极的公民社会，而不在于社会福利和济贫。这些责任已经被普遍民众认为是政府的责任。

当然，北欧国家普遍信仰新教，信仰路德教民众高达80%。宗教价值的存在会导向自愿者乐于参与公共慈善事业。事实上，许多自愿者群体参与小型的慈善活动用以表达对于受难者的善意同情，并给予一些力所能及的帮助。但这些慈善活动并不能帮助人们依靠慈善来解决贫困者的生计问题。在北欧福利体制中，人们缴税比重较高，其社会结构是橄榄型的，中产阶级发达，巨富阶级与贫困阶级的产生相对较小。由于民间福利资源与私人财产较少，主要财力通过缴税方式走向国家财库，民众剩余财力十分有限。由此，在北欧社会，社会福利的供给主要通过公共财政或国家进行再分配来实现，而民间慈善的力量相对薄弱。

此外，福利国家的建设也与建设积极的民间社会具有内在的联系。福利国家制度的建设的任务不仅仅是通过国家的政策制定，或通过高税收实现高福利的手段就能达成，而是需要具有阶级团结的群众基础和积极的民间社会支持。因此，民间组织的积极活动为建设社会共识提供了社会基础。同时，北欧民众也积极倡导生活品质和民主政治，认为要把这些民主理念体现在日常生活中，通过社会民主化和法治化的治理，形成具有高透明度的社会。在此，清廉政治是民众拥护国家政权的基础要素之一。北欧国家清廉指标世界排名最高，道德自觉性也是在共识政治基础上的衍生物。而这种社会环境正是在日常生活的实践中形成的。北欧社会的清廉指数在国际排名中名列前茅，这为开放的民间社会和稳定的社会秩序提供了条件，也为赢得民众的社会信任、确保税收的使用能够透明清廉，并且回馈到纳税者的生活中，提升他们的生活品质，创造了社会基础。

六 分析和结论

在北欧的社会民主主义模式下，其经济制度以财产私有的制度作为基础，通过阶级合作，社会妥协，三方谈判，社会协同和共识政治等一系列的因素，纠正市场失灵，实现社会财富的公平分配，从而避免了政府对于经济体系运作的过度干预。在共识政治的基础上，北欧各国建成了普惠主义的社会保障体制模式。当然，这一模式由于其所具有的公共财政的负担而招致许多人的批评。这促使北欧国家（特别是瑞典）在20世纪90年代积极推进私有化为导向的改革。但是近十年改革并未取得预期的积极成效。

北欧国家的发展经验也显示了，共同富裕与一个国家内部的社会凝聚力和社会团结互相影响。北欧国家的"社会团结"观念以跨阶级阶层的协同、跨人群的社会信任为基础，而相对公平的收入分配方式也促进了"社会团结"观念，并增强了社会凝聚力。为了实现阶级合作和共识政治，需要充分的考虑各个阶层的利益，也要尊重市场经济的规律，开辟社会财富的源头，并通过国家的社会政策运作确保社会机制的合法性，维持体系的可持续发展和成长性。

当然，北欧福利国家体系也面临着严峻的挑战。其所面临的挑战主要来自于经济发展和扩大收支基础的问题，以及老龄化的挑战，而不是福利国家体制本身的合法性危机和制度缺陷。为此，北欧国家采取积极的社会政策，鼓励工作福利的导向，强化人力资源的培育，并且降低企业税收，激发企业家进行企业创新活力。同时，北欧国家也与时俱进，鼓励本国企业的国际发展，为外向型经济的发展提供帮助，因为在全球化的今天，只有使本国经济能够从国际市场中去竞争获得资源才是长久之计。针对这种需求，北欧国家强化创新导向，提升北欧福利国家体系的活力。其基本的政策导向包括增加教育投资，拓展国际市场，使 GDP 增长率及通货膨胀率均维持在 1%，确保体制及财政的可持续性。目前，这些政策取得了积极的成果，使北欧国家在全球竞争力排名中能够名列前茅。

总之，在比较福利国家体系的研究中，我们可以看到北欧福利国家模式作为一种有别于其他欧洲国家的独特的经济社会制度，对促进这些国家的经济增长、社会稳定和社会公正做出了重要贡献，并在今后较长时间内仍将保持其可持续性。在这些国家，社会保障为每个人提供生活安全，个人享有公共服务的安全网，使享受社会福利成为公民的一种基本社会权利。北欧模式的建立也需要具有一定的阶级基础和阶级结构的支撑。北欧社会中形成的以中产阶级为主导的橄榄型社会，为建立文明的、协同的社会氛围提供了基础。北欧社会是富裕社会，北欧国家 70%—80% 的民众属于中等收入群体，基本实现了共同富裕的目标。这些成果的取得既是其经济制度与社会制度协同的产物，也是社会政策和社会服务体系发展的产物，还是其观念建设和社会团结的结果。这些社会所取得的发展经验，对于我们思考如何处理源于公共财政支持的公共产品，和源自市场发展所具有的发展活力共存的需要，如何实现富裕、有正效率、具有生活自由度等现代化目标，都具有很大的帮助意义。因此，北欧独特的经济社会制度和经济富足、社会安定、人民安居乐业的经验，对于我们思考共同富裕问题，探索经济社会改革之路提供了有益的借鉴和启示。

西班牙*

一 基本情况

在英国脱欧之后,西班牙跻身为欧盟四大国之一,然而从GDP总量和人均收入水平看,西班牙与德国、法国、意大利仍有不小差距。根据西班牙国家统计局的统计,2012年至2019年西班牙的GDP总值从1.03万亿欧元提高至1.24万亿欧元[①],呈现逐年小幅增长态势,世界排名第14。2010—2019年人均净货币收入从10858欧元提高至12292欧元(见表6-1)。

表6-1　　　　　2010—2019年西班牙人均收入统计表　　　　单位:欧元

年份	2010	2011	2012	2013	2014	2015	2016	2017	2018	2019
人均收入	10858	10795	10531	10391	10419	10708	11074	11412	11680	12292

数据来源:西班牙国家统计局网站:INE, Living Conditions Survey (LCS). Year 2019。
Final results, https://ine.es/en/prensa/ecv_2020_en.pdf. https://ine.es/en/prensa/ecv_2020_en.pdf.

---

* 本章执笔人:中国社会科学院欧洲研究所张敏。

① INE, "The Spanish economy recorded a volume growth of 2.0% in 2019, Gross Domestic Product (GDP) at current prices stood at 1,244,772 million euros in 2019", Annual National Accounts of Spain: Main aggregates Years 2017 – 2019, https://ine.es/en/prensa/cna_pa_2019_en.pdf.

（一）与欧盟其他成员相比，西班牙的贫富差距明显

2014 年西班牙 10% 的富人拥有本国财富的 52.8%①。2007 年至 2017 年，国内前 1% 的富人收入增长了 24%，处于社会底部的 90% 的人均收入增长不到 2%。"② 不同收入水平人群收入占比，2010—2017 年，西班牙最贫困 40% 人群的收入占 17.5%，最富有 10% 的收入占 26.2%，最富有的 1% 占 9.8%③。

2020 年贫困线以下的人口从 2019 年的 20.7% 上升到 21.0%。贫困风险人口中，不满 16 周岁的贫困率较高，2010—2019 年期间，年均在 26% 以上，2013 年情况最为严重，该年龄段中 30.1% 人口陷入贫困风险。陷入贫困或社会排斥风险的人口比例（AROPE 比率）从 2019 年的 25.3% 增加到 2020 年的 26.4%。2020 年总人口的 7.0% 面临严重的物质匮乏，2019 年这一比例为 4.7%。④ 2019 年西班牙 4.7% 的人买不起汽车，拖欠抵押贷款或逾期不交租金者的比例为 8.1%，33.5% 的个人或家庭一年内无法负担度假一周的开支。⑤

---

① El País, "Spain's richest 10% hold more than half the country's wealth", https://english.elpais.com/elpais/2017/01/25/inenglish/1485333552_076842.html.

② CIARÁN GILES, "UN expert says Spain fails badly in tackling poverty", AP NEWS, February 7, 2020, https://apnews.com/article/44da80a35311586fd9f777246a70d6bf.

③ 欧盟统计局：按性别和年龄组划分的可支配收入的收入五分位数份额比率 S80/S20 - 欧盟 SILC 调查，http://appsso.eurostat.ec.europa.eu/nui/submitViewTableAction.do。

④ INE, "Living Conditions Survey（LCS）, Year 2019", https://ine.es/en/prensa/ecv_2020_en.pdf.

⑤ Eurostat: "Key Figures on Europe", https://ec.europa.eu/eurostat/cache/digpub/keyfigures/.

（二）西班牙存在显著的地区差异[①]

2019年人均收入最高的自治区分别是巴斯克州（人均年收入为15813欧元）、纳瓦拉（15094年欧元）和马德里自治区（14580欧元）。人均年收入最低的自治区是埃斯特雷马杜拉（人均为9147欧元）、穆尔西亚（9850欧元）和加那利群岛（9935欧元）。从贫困或社会排斥风险比率看，较高的几个自治区是埃斯特雷马杜拉（38.7%）、加那利群岛（36.3%）和安达卢西亚（35.1%）。贫困风险或社会排斥率（AROPE rate）最低的自治区是纳瓦拉社区（12.0%）和巴斯克州（13.9%）。贫困率风险率最高的是埃斯特雷马杜拉（31.4%）、加那利群岛（29.9%）和安达卢西亚（28.5%），最低的是纳瓦拉（9.9%）和巴斯克州（10.0%）[②]。

（三）贫富差距

S80/S20比率和基尼系数可以较好地衡量西班牙社会的不平等和不公平程度。2019年西班牙S80/S20比率为5.8，比2018年下降了0.1，表明这两大人群的收入差距略有缩小。从历年西班牙基尼系数的变化情况看，西班牙收入不平等现象趋向好转，2019年基尼系数为0.321，比上年下降了0.009（见表6-2）。

表6-2 西班牙S80/S20及基尼系数年度分布表（2010—2019年）

年份	2010年	2011年	2012年	2013年	2014年	2015年	2016年	2017年	2018年	2019年
S80/S20	6.3	6.5	6.3	6.8	6.9	6.6	6.6	6.0	5.9	5.8

[①] INE, "The percentage of the population at risk of poverty or social exclusion (AROPE rate) increased to 26.4%, from 25.3% in 2019", https://ine.es/dyngs/INEbase/en/operacion.htm?c=Estadistica_C&cid=1254736176807&menu=ultiDatos&idp=1254735976608.

[②] INE, "Living Conditions Survey (LCS), Year 2019 ", https://ine.es/en/prensa/ecv_2020_en.pdf.

续表

年份	2010年	2011年	2012年	2013年	2014年	2015年	2016年	2017年	2018年	2019年
基尼系数	0.340	0.342	0.337	0.347	0.346	0.345	0.341	0.332	0.330	0.321

数据来源：西班牙国家统计局网站：生活水平调查 https：//ine.es/en/prensa/ecv_ 2020_ en.pdf。

西班牙有比较健全的医疗卫生体系。2019年公共卫生经费大约为740亿欧元，占国内生产总值的6.4%。人均为1594欧元。全国共有468家医院，11.2万张病床，32万医护人员①。西班牙是人均预期寿命最高的欧盟国家之一，女性的预期寿命为86.1岁，位居欧盟27国第一，男性平均预期寿命为80.4岁，位居欧盟第3。2006—2018年，西班牙女性预期寿命从84.3岁提高至86.1岁，男性从77.7岁提高至80.4岁②（见图6-1）。

二 初次分配及相关政策

（一）就业及失业特点

西班牙加入欧盟之后，创造就业岗位、提高劳动力市场弹性和灵活性、降低妇女和青年失业率始终是国家社会发展的重要战略目标。经济增长与就业市场繁荣有着紧密的关系。由于经济发展起步晚、经济结构存在诸多先天不足的因素，导致新产业培育不足、高技术研发能力较弱、传统工业转型升级步伐缓慢、农业地区等难以创造大量的就业。因此，通过历次劳动

---

① Ministry of Health of Spain, "KEY DATA FROM SPAIN'S NATIONAL HEALTH SYSTEM", https：//www.mscbs.gob.es/en/estadEstudios/portada/docs/KEY_ DATA_ SNHS_ ENG_ A4_ 062020.pdf.

② Ministry of Health of Spain, "2019 ANNUAL REPORT. NATIONAL HEALTH SYSTEM EXECUTIVE SUMMARY", Https：//www.mscbs.gob.es/estadEstudios/estadisticas/sisInfSanSNS/tablasEstadisticas/InfAnualSNS2019/ExecutiveSummary_ 2019.pdf.

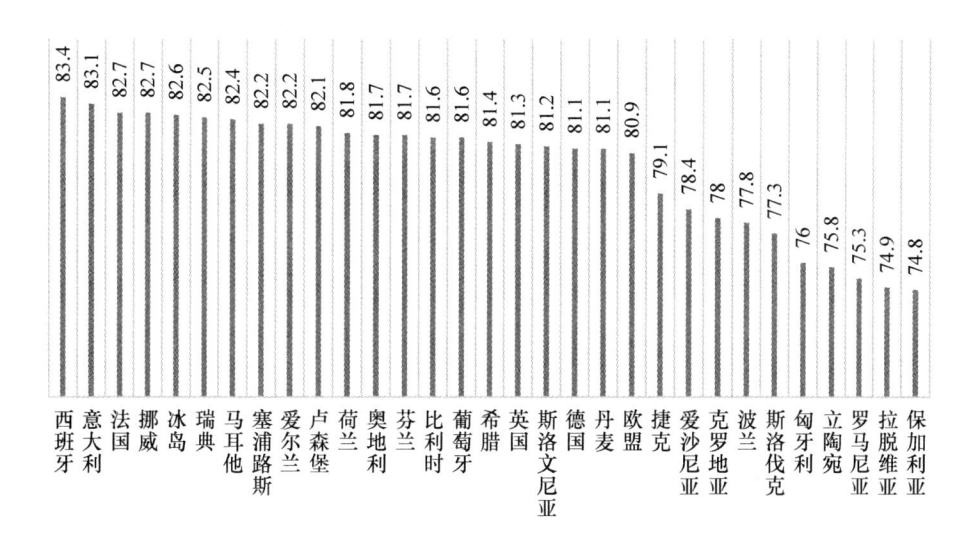

图6-1 西班牙是人均预期寿命最高的欧盟国家之一

数据来源：OECD, "Life expectancy in Spain is the highest in the EU, State of Health in the EU", Spain Country Health Profile 2019, https://www.oecd.org/publications/spain-country-health-profile-2019-8f834636-en.htm。

力市场改革，建立全日制与非全日制相结合的灵活就业体制，提高就业率是保障基本民生的措施之一。

然而，高失业问题长期困扰西班牙社会，成为社会最大的不稳定因素之一。相比欧洲其他国家，西班牙高失业率从时间和地域上具有广泛性，南部地区和青年人的失业问题尤为严重。20世纪90年代欧洲经济出现滞胀，西班牙1994年失业率曾高达24%，创下欧洲国家最高纪录。受欧洲债务危机的严重影响，2014年西班牙600万人失业，青年人和外国人的失业率更高，约是欧洲债务危机之前的3倍，外来人口中大约1/3处于无业状态。[①] 2019年西班牙适龄劳动力为2302.71万人，实际就业人

---

① The Center for Economic and Social Rights（CESR）, "Spain: Visualizing Rights: A Snapshot of Relevant Statistics on Spain", January 2015, https://www.cesr.org/sites/default/files/FACTSHEET_Spain_2015_web.pdf.

数为 1977.93 万人，失业人数为 324.78 万人，失业率为 14.1%。在就业人口中，服务业占了 75.5%，工业为 14.0%，建筑业为 6.0%，农业为 4.0%。①

相比欧盟其他国家，新冠疫情对西班牙经济冲击较大，导致失业率上升。期间采取的隔离、停工停产、减少航空运输等措施，对旅游业、酒店餐饮业、商业贸易、文化产业等造成巨大冲击，2020 年 GDP 总额降幅高达 11.1%。② 截至 2020 年第四季度，西班牙失业人数达 371.98 万人。③ 即使复工复产后，疫情对弱势群体的影响在短期内仍难以消除。预计在 2021 年国内生产总值（GDP）将下滑 14%，失业率将推高至 25%，在 2022 年失业率仍高位徘徊在 20% 左右，青年失业率在 40% 左右。④ 这些原因都将影响西班牙的国民收入及贫富状况。

（二）税收分配结构体系

西班牙的税收体系实行中央、自治州和地方三级管理，各有侧重。税费主要用于支持公共服务和公共设施建设。在权力下放过程中，中央政府不断向自治州政府分税，但国家税收依然占主导地位。通常情况下，税收由国家统一征收，中央政府

---

① INE, "Anuario Estadístico de España 2020", https：//ine.es/prodyser/pubweb/anuario20/anu20_ completo.pdf, p. 249.

② INE, "Quarterly National Accounts of Spain: main aggregates", Fourth quarter of 2020 Preview, https：//www.ine.es/en/daco/daco42/daco4214/cntr0420a_ en.pdf.

③ INE, Última Nota de prensa, "Encuesta de población activa. EPA. Cuarto trimester 2020", https：//www.ine.es/dyngs/INEbase/es/operacion.htm? c = Estadistica_ C&cid = 1254736176918&menu = ultiDatos&idp = 1254735976595.

④ William Chislett, "COVID – 19 ups Spain's income inequality", https：//blog.realinstitutoelcano.org/en/covid – 19 – ups – spains – income – inequality/.

以财政划拨的方式向自治州政府和地方政府转移税收资金。

OECD 的一份报告显示，西班牙税收占 GDP 的比重居于中等水平，位列第 20（见图 6-2）。2019 年西班牙税收体系结构具有以下特点：个人收入税、公司税、各类增值税等均略低于 OECD 平均水平，社会保障缴费税、财产税等高于 OECD 平均水平（见图 6-3）。

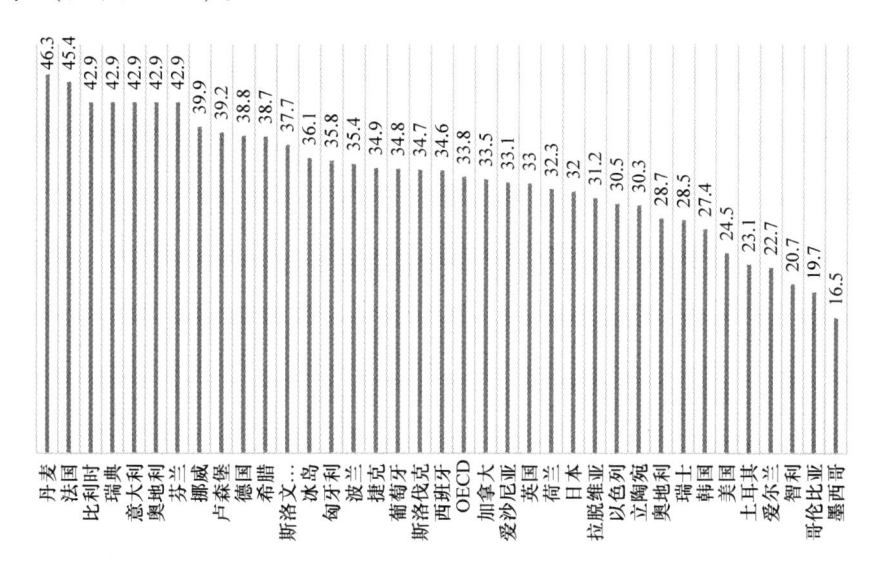

图 6-2　2019 年 OECD 国家税收占 GDP 的比重（%）

数据来源：OECD，"Revenue Statistics 2020 - Spain"，https://www.oecd.org/tax/revenue-statistics-spain.pdf。

西班牙税收分直接税和间接税两种。直接税分所得税（公司税、个人所得税、非居民所得税）和资产税（财产税、遗产和赠与税）；间接税分增值税、财政转让和印花税、特别税、进口关税、保险费税。自治州税一般为国家税种向各自治州分税的部分。2020 年西班牙税收总额为 1940 亿欧元，同比下降 8.8%。[①] 现有

---

① Agencia Tributaria，"Tax Revenue in 2020"，https://www.agenciatributaria.es/static_files/AEAT/Estudios/Estadisticas/Informes_Estadisticos/Informes_Anuales_de_Recaudacion_Tributaria/Ejercicio_2020/AnnualReport2020.pdf。

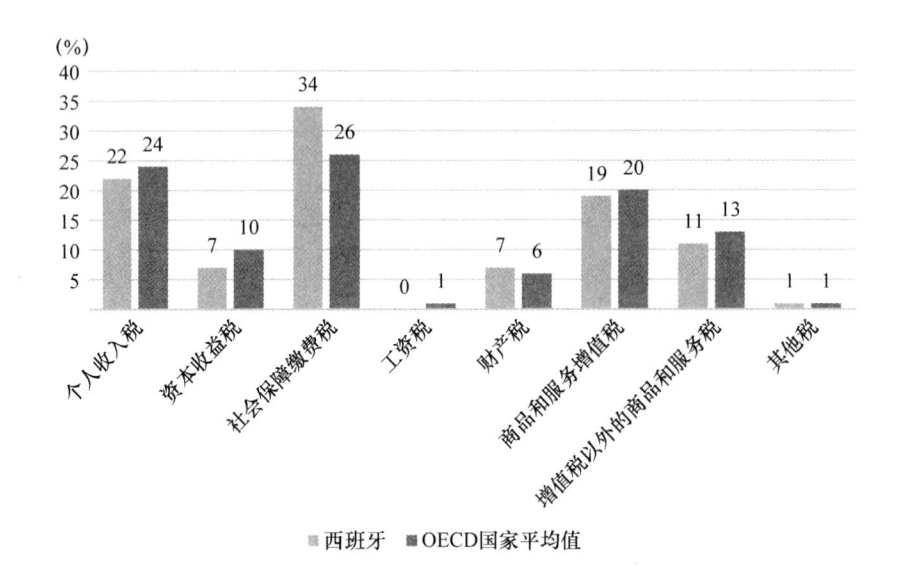

图 6-3 西班牙各类税种与 OECD 平均水平之比较（2019 年）

的税收制度下，企业税由中央统一征收，个人收入税由中央和自治区政府各征收 50%，财富税、遗产税等均由地方政府征收，巴斯克州和纳瓦拉州享有历史特权，拥有自身的税收制度。

公司税是国家税，由中央财政统一征收。根据 2004 年 3 月颁布的《公司税法》和 2004 年 7 月颁布的《公司税条例》，公司税的纳税主体为：按照西班牙法律成立的位于西班牙境内的实体、实际管理场所。目前西班牙的公司税率为 25%。部分自治区享受免税或优惠政策，如纳瓦拉、巴斯克和加纳利群岛。银行和石油公司的税率为 30%。西班牙企业在研发、科学研究、资本收益再投资、促进出口、雇员培训、创造就业和社会住房等方面加大资本投入，可享受税收抵扣和其他税收激励政策。

个人所得税是中央政府调节贫富收入差距的重要税收杠杆。个人所得税由国家和自治区共同征收，实行累进制，对于高收入者，最高个人所得税率可达 52%（2012—2014 年）（见表 6-3）。从 2021 年起，西班牙实行新的个人所得税率制，实行累进制。

增值税分三种，增值税分为三种，标准税率为21%，折扣税率为10%，超级折扣税率为4%，适用于不同的商品和服务。标准费率适用于所有不属于降低费率的商品和服务。折扣税率适用于非基本食品、旅馆服务、客运、新建住宅。超级折扣利率适用于基本食品、某些药品、书籍和杂志。免增值税的货物和服务包括：国家提供的教育、培训、体育服务、文化服务、保险、邮票、艺术家、作家和作曲家。

表6-3　　　　　2021年西班牙个人所得税率分布表

起征点 （欧元）	上限点 （欧元）	国家税率 （%）	自治区税率 （%）	总税率 （%）
0	12450	9.50	9.50	19.00
12451	20200	12.00	12.00	24.00
20201	35200	15.00	15.00	30.00
35201	60000	18.50	18.50	37.00
60001	300000	22.50	22.50	45.00
300001	+	23.50	23.50	47.00

数据来源：Spain Accountants, "Rates and Allowances", https://www.europeaccountants.com/spain/tax-rates。

社会保障缴费额占工资总收入的28%—31%，雇员支付的比例为4.5%—7.5%。不设最低缴费额规定，最高缴费率适用于年工资48850欧元及以上者。西班牙法定最低年工资为13300欧元，以14个月的工资形式支付。最低工资为7.3欧元/小时，由各行业集体谈判后确定①。

财产税是近十年中新增的税种，2011年西班牙财政紧急救助计划中首次提出，旨在缓解债务危机。目前该税种由自治州

---

① Spence Clarke Tax Guides, "Tax Tables For Spain 2021", https://www.spenceclarke.com/wp-content/uploads/guides/Tax-tables-for-Spain-2021.pdf.

政府自行征收，适用于在西班牙拥有资产的居民和非居民。国家规定财产税起征额为70万欧元，但是各自治区之间存有差异。

遗产和赠与税由各自治区自行征收。西班牙人作为境内和境外财产的继承人、受益人和受赠人时，须缴纳遗产和赠与税。西班牙相关法律对一些财产继承和赠与还做了相应减免的规定，各自治区之间的税率存在差异，最高税率高达36.5%。税率是按照以下三个方面来计算的：净遗产额；受益人与捐赠人之间的关系；受益人之前的个人财富。① 这一规定或许有助于防止家族或个人财富的流失，也可以防范各类洗钱犯罪活动。

表6-4　　　　　　　　国家财富税率分布

税率范围（欧元）	累积财富额（欧元）	税率%	税阶	累积税
700000.00	700000.00	0.00%	0	0
167129.45	867129.45	0.20%	334.26	334.26
167123.43	1034252.88	0.30%	835.63	1169.89
334246.87	1368499.75	0.50%	2506.86	3676.75
668499.76	2036999.51	0.90%	8523.36	12200.11
1336999.50	3373999.01	1.30%	25904.35	38104.46
2673999.02	6047998.03	1.70%	71362.33	109466.79
5347998.03	11395996.06	2.10%	183670.29	293137.08
更多财富			3.50%	

数据来源：SPENCE CLARKE TAX GUIDES, TAX TABLES FOR SPAIN 2021, https://www.spenceclarke.com/wp-content/uploads/guides/Tax-tables-for-Spain-2021.pdf。

西班牙还有针对特殊群体的减税和免税规定：65岁以下所

---

① Spence Clarke Tax Guides, "Tax Tables For Spain 2021", https://www.spenceclarke.com/wp-content/uploads/guides/Tax-tables-for-Spain-2021.pdf.

有人的基本个人免税额为 5550 欧元，65 岁以上为 6700 欧元，75 岁以上为 8100 欧元。如果与 25 岁以下的子女同住，可以申请以下额外津贴：一个子女为 2400 欧元，二个子女为 2700 欧元，三个子女为 4000 欧元，四个子女为 4500 欧元。每个 3 岁以下儿童的额外津贴为 2800 欧元。如果子女与父母或祖父母同住，总收入少于 8000 欧元，则 65 岁以上的人每年申请 1150 欧元的补贴，75 岁以上的人可以申请 2550 欧元的补贴。此外，慈善捐款、缴纳工会会费、翻新或租赁房屋的支出等均可以享受税收减免。

资本所得税是出售资产或投资所得税。西班牙居民需要为在全球出售的资产纳税。非居民在出售西班牙财产时应缴纳资本利得税。资本利得税率征收标准是：6000 欧元以上税率 19%，6000—5 万欧元，税率为 21%。5 万—20 万欧元为 23%，20 万欧元以上，适用税率为 26%，外国公民一律为 19%。[①]

根据宪法条款第 138、156、157 和 158 条款，西班牙各自治区的财政资金主要包括六个部分，国家总局拨付的税款、中央税款、自治区征税、自治区特别捐款、地区之间补偿转移基金和国家总预算的其他款项。由于自然禀赋差异、产业结构分布不均衡，西班牙各地区发展存在差异，各自治区对国家 GDP 的贡献率存在差异，收入水平也有明显差异。因此，通过地区之间的财政转移基金，允许地方政府自行确定税率等机制性安排，进一步缩小地区差异。

按照《西班牙 1978 年宪法》，中央向各自治区逐渐下放权力，尤其是财政权力。地方政府控制财政收入比重逐年增加，2004 年人民党政府大选失利之前，中央、自治区和地方之间的

---

① Spain Accountants，"Rates and Allowances"，https：//www.europeaccountants.com/spain/tax – rates. https：//www.europeaccountants.com/spain/tax – rates.

财政收入之间的大致分配比例为 40∶40∶20。[①] 在财权下放进程中，地方之间的社会经济差异仍然有所扩大，为此中央专门建立了由发达地区援助落后地区的地区补偿基金机制。

三 社会再分配及相关政策

西班牙的社会保障制度主要由养老、医疗、工伤、失业和家庭保险这五大部分组成，基本实现了对西班牙人口的全覆盖。

西班牙的养老保障制度一直是以公共管理为核心的现收现付制度，覆盖工业、商业和服务业共 11 种职业的就业人员，参保人口一直呈上升态势。最新统计显示，截至 2021 年 7 月，参加社会保障的总人数为 1959.1728 万人，同比增幅为 4.29%，其中女性参保人数为 907.3677 万，增幅为 4.78%[②]。

西班牙的养老金制度由三大支柱构成，即公共养老金、雇主养老金以及个人账户。公共养老金包括一般计划、特别计划和非缴费计划。

一般计划是西班牙养老金制度的核心部分，全面覆盖到不被其他特别计划覆盖的 16 岁以上的雇员，实行现收现付制度。特别计划包括自雇者特别计划，农业劳动者特别计划，家庭佣工特别计划，渔业劳动者特别计划，煤矿劳动者特别计划和政府雇员特别计划（见表 6-5）。

此外，西班牙还建立了补充养老金制度，主要包括雇主养老金计划和个人账户计划。雇主养老金计划实际上由养老金计划和集体保险计划组成，约占西班牙劳动力人口 20%。这些计划通常由金融机构和跨国公司等提供，具体标准须经企业高层

[①] 张敏：《当代西班牙经济与政治》，社会科学文献出版社 2015 年版，第 89—90 页。

[②] Ministerio Trabajo y Economía Social, "Interesting fact", https://www.mites.gob.es/en/index.htm.

集体谈判。个人账户即西班牙养老金的第三支柱，覆盖人口约为800多万，资产占GDP的5%左右。这些个人账户产品主要由银行和保险公司提供，管理费用相对较高。①

表6-5　　　2017年社会保障费用分类表（单位：百万欧元）

分类	社会保险费	国家财政	其他	总计	比重
一般计划	90789.33	4865.24	990.63	96465.20	64.74%
自雇	11933.93	2296.50	136.75	14367.19	9.64%
渔业	377.41	146.56	5.42	529.39	0.36%
矿业	128.48	11.61	1.40	141.49	0.09%
工伤和职业	7331.17	100.83	3574.65	11006.66	7.39%
其他			20606.95	20606.87	13.83%
总计	110560.32	7240.74	25315.80	143116.87	96.05%
非缴费型		5843.90	45.67	5889.56	3.95%
总计	110560.32	13084.64	25361.47	149006.43	100.00%

数据来源：Ministerio Trabajo y Economía Social,"Anuario de Estadísticas 2018", https://www.mites.gob.es/es/estadisticas/anuarios/2018/index.htm。

西班牙现代社会保障制度建立较晚，与德国的模式有些类似，但慷慨程度较低。（1）社会保障经费多方筹措：养老金、失业金、孤寡残疾金、抚恤金等，主要来自国家财政、参保企业缴纳的社会保障费和其他个人商业保险等；（2）实行全民免费医疗保险制度，缴纳的社会保险费的西班牙公民均可享受公立医院的免费医疗。（3）参保的外国公民，只要达到国家法定的参保缴纳年限和领取年限，也可以享受养老金和免费医疗保险等，体现了更大的国际包容度；（4）西班牙的社会保障程度与行业挂钩，因此不同行业之间的养老金是有区别的：参与一

---

① Ministerio Trabajo y Economía Social,"Anuario de Estadísticas 2018", https://www.mites.gob.es/es/estadisticas/anuarios/2018/index.htm.

般养老计划、特别养老计划、补充养老计划（雇主和个人账户）中的退休金是不同的，65%以上的雇员参与一般养老金计划。

医疗保障制度是社会保障的重要组成部分。《西班牙1978年宪法》和2000年《基本法》第1.2款明确规定，西班牙的医疗保障权益覆盖西班牙领土上居住的所有西班牙人；根据《欧盟法》以及与西班牙政府签有双边条约或协定的、符合条件的欧盟成员国国民；根据双边协定符合条件的非欧盟成员国国民。西班牙的公务员及受抚养者通过民事军事或司法互助基金享有特别的保障制度（即MUFACE，ISFAS和MUGEJU）。从1999年起，医疗费用不再依靠社会保险缴费，而主要来自国家一般税收，并由中央政府集中征缴，然后按人头拨付给17个自治区，由各自治区具体负责运作管理。

其他社会保障项目包括：失业保险：雇主和雇员共同缴费，政府提供不定期的财政补贴，覆盖工业、商业和服务业共11种职业类别，不包括自雇者，家政工人和公共部门雇员。工伤保险：覆盖所有雇员，其中公共部门雇员、自雇者和农业工作者自愿覆盖，不覆盖家政工人，部分工种有特别计划。家庭津贴：为家计调查型补助制度，全部覆盖所有在西班牙合法居住的有子女家庭，其中生育、领养或两个以上孩子的家庭不需要家计调查。

四　第三次分配

社会财富的第三次分配体现在两个方面：一是培育和发展社会公益组织和个人捐助等事业，逐渐养成人人参与和乐于奉献社会的自觉帮扶理念；二是以发展合作的形式，为更多国家提供援助。要建立人人参与社会公益，帮扶弱势和困难群体的理念意识，自发或自愿有组织地参加各类社会公益事业，各个市政自愿参与社会公益活动的机构和组织人数逐年持续增长，这是实现共同富裕的群众基础和发展理念。

表6-6　　2007—2018年西班牙各级非盈利性社会团体数量统计①　　单位：个

年份	公益性非政府组织数	年份	公益性非政府组织数
2006	—	2013	16.139
2007	3998	2014	16044
2008	7657	2015	15145
2009	10096	2016	16144
2010	10994	2017	16956
2011	10933	2018	15865
2012	10901		

数据来源：https://www.plataformaong.org/ARCHIVO/documentos/biblioteca/1594621854_lpec.2006.2018.pdf（非政府组织平台）。

表6-7　　　　　　参与公益组织自愿服务的人数统计表　　　　　　单位：人

年份	自愿者人数	年份	自愿者人数
2006	282574	2013	384023
2007	274426	2014	384265
2008	331204	2015	390772
2009	349393	2016	391038
2010	353008	2017	382178
2011	364326	2018	410994
2012	366844		

西班牙人均年收入和家庭年均收入均没有达到欧盟国家中

---

① La Plataforma De Ong De Acción Social,"La Plataforma De Ong De Acción Social En Cifras Informe Comparativo 2006 - 2018",https://www.plataformaong.org/ARCHIVO/documentos/biblioteca/1594621854_lpec.2006.2018.pdf.

的最高富裕程度，2019年家庭年均收入为30690欧元[①]。但西班牙人热心公益事业，每年参与社会公益捐款和帮助弱势或困难群体的人数持续增长。这些公益性社会团体95%是地方性的，3%是省级的，只有2%是自治区层面上开展公益活动的。2006—2018年参与志愿服务的人数持续上升，2007年为28.2574万，2018年为41.0994万。

西班牙民众热心公益慈善活动，通过捐款或提供自愿社会服务等方式，老弱病残或生活、工作等面临困难的群体提供各类热心帮助和救助服务。2018年公益组织获得的各类捐赠总额为36.34亿欧元（计入盲人彩票慈善组织的收入），其中私人捐赠额占了16%，为5.82亿欧元左右。公益组织提供服务和销售商品的收入占到了67%，政府部门的公共捐赠额占了17%。在2019年西班牙给各类慈善捐款的总人数为2180万人，主要用于帮助癌症治疗、对第三世界的发展援助、儿童救助、振灾、人道主义救助、教育、医疗，等等。

表6-8 非盈利性社会团体的年收入（包括捐赠）统计（2006—2018年）

单位：欧元

年份	捐助金额	捐助年份	捐助金额
2006	3608260315.41	2013	3246264244.75
2007	3726429142.14	2014	3271042667.74
2008	3593507145.44	2015	2939393124.91
2009	3469164741.39	2016	3155426919.07
2010	3479420741.66	2017	3310082840.80
2011	3473528422.09	2018	3634987855.32
2012	3331786264.36		

[①] INE, "Living Conditions Survey (LCS), Year 2019", https://ine.es/en/prensa/ecv_2020_en.pdf.

近年来尽管遭受新冠肺炎疫情的严重冲击，西班牙社会各界的慈善捐款仍保持稳定。[1] 2021年1月13日，西班牙筹款协会（Asociación Española de Fundraising，AEFr）2020年度报告显示，2020年37%的西班牙公民对公益慈善组织进行了捐助，其中13%的捐助与抗击新冠肺炎疫情相关。2020年有1500万人向非盈利组织捐款，其中24%的公民是定期捐款的。

西班牙人参与志愿服务和社会捐款已经成为公民参与社会事务的重要组成部分，各类公益社团的收入回馈社会，帮助社会急需帮助的人，形成互助互帮的社会公德和公益理念，有助于实现社会的共同繁荣发展。西班牙的人均GDP只能算是中等水平，但财富分配却比较平均。

---

[1] Asociación Española de Fundraising, "Donations remain steady in Spain despite coronavirus", January 13, 2021, https：//efa－net.eu/news/donations－remain－steady－in－spain－despite－coronavirus.

欧 盟[*]

一 基本情况

欧盟的成员多为发达工业国。由于欧洲一体化的进展和欧盟层面的治理体系的不断发展，欧盟和成员国分担经济和社会领域的权能，但是，在不同领域欧盟和成员国的权力分配是不同的。总体来说，经济领域的政策制定权能已经相当大比例地转移到欧盟层面，而在社会领域成员国仍然保有主要的政策制定权力。这是由渐进的欧洲一体化进程所决定的。随着要素的自由流动，内部统一大市场的不断建立，竞争加剧，市场效率提高，也使成员国、地区间两极分化加剧，出现马太效应，必须通过相关社会政策来缩小成员国地区间差距。早在欧共体初创时期，联盟层面就通过地区/结构政策，来扶持意大利落后地区并缩小地区差距，后来这套政策扩展到南欧和中东欧国家。

从欧（共体）盟层面来看，社会政策多为指导性的。《罗马条约》仅就工作场所的健康保护条件等做了原则规定，此后尽管欧盟在就业等社会领域推出了一系列指导性原则，并通过"开放式协调"机制来推进成员国在社会领域的自愿趋同，但欧盟并未获得成员国在社会领域的权能让渡，进而有别于经济一体化，社会领域趋同被称为"和谐化"，主要政策工具为成员国

---

[*] 本章执笔人：复旦大学丁纯、陈腾瀚。

掌握。但是欧盟必须在缩小成员国和地区间差距，实现共同富裕方面有所作为，以保持一体化对民众的吸引力。

欧盟成员国整体的经济和社会发展水平都位居世界前列。根据 UNDP《人类发展报告》2011 年、2016 年、2020 年三年的统计数据，对欧盟 28 国（含英国）在这三个时间内的人类发展指数（HDI）、不平等调整后的人类发展指数（IHDI）[1]、预期寿命进行整理后得到表 7-1。

表 7-1 2010—2019 年欧盟 28 国（含英国）人类发展指数及预期寿命

	人类发展指数（HDI）			不平等调整后的人类发展指数（IHDI）			预期寿命
	2019 年	2015 年	2010 年	2019 年	2015 年	2010 年	2019 年
法国	0.901	0.888	0.884	0.820	0.811	0.798	82.7
德国	0.947	0.916	0.905	0.869	0.853	0.853	81.3
意大利	0.892	0.873	0.874	0.783	0.773	0.773	83.5
荷兰	0.944	0.922	0.910	0.878	0.861	0.842	82.3
比利时	0.931	0.922	0.886	0.859	0.845	0.833	81.6
卢森堡	0.916	0.892	0.867	0.826	0.822	0.817	82.3
丹麦	0.940	0.923	0.895	0.883	0.856	0.858	80.9
克罗地亚	0.851	0.818	0.796	0.783	0.743	0.691	78.5
希腊	0.888	0.865	0.861	0.791	0.758	0.777	82.2
西班牙	0.904	0.876	0.878	0.783	0.775	0.787	83.6
葡萄牙	0.864	0.830	0.809	0.761	0.744	0.730	82.1

[1] IHDI 将一个国家在卫生、教育和收入方面的平均成就与这些成就在该国人口中的分配方式结合起来，根据其不平等程度"贴现"得到每个维度的平均值。因此 IHDI 对人类发展的平均水平具有分布敏感性。成就分布不同的两个国家可以有相同的人类发展指数平均值。在完全平等的情况下，IHDI 等于人类发展指数，但在不平等加剧时低于人类发展指数。IHDI 和 HDI 之间的差异是不平等的人类发展成本，也被称为不平等对人类发展的总体损失。

续表

	人类发展指数（HDI）			不平等调整后的人类发展指数（IHDI）			预期寿命
	2019年	2015年	2010年	2019年	2015年	2010年	2019年
奥地利	0.922	0.890	0.885	0.857	0.820	0.836	81.5
瑞典	0.945	0.907	0.904	0.882	0.846	0.849	82.8
芬兰	0.938	0.883	0.882	0.888	0.834	0.848	81.9
塞浦路斯	0.887	0.850	0.840	0.805	0.758	0.757	81.0
爱尔兰	0.955	0.916	0.908	0.885	0.836	0.819	82.3
匈牙利	0.854	0.828	0.816	0.791	0.769	0.759	76.9
捷克	0.900	0.870	0.865	0.860	0.823	0.818	79.4
爱沙尼亚	0.892	0.861	0.835	0.829	0.782	0.768	78.8
拉脱维亚	0.866	0.819	0.805	0.783	0.730	0.733	75.3
立陶宛	0.882	0.839	0.810	0.791	0.754	0.736	75.9
波兰	0.880	0.843	0.813	0.813	0.760	0.750	78.7
斯洛伐克	0.860	0.844	0.834	0.807	0.791	0.775	77.5
斯洛文尼亚	0.917	0.880	0.884	0.875	0.829	0.828	81.3
保加利亚	0.816	0.794	0.771	0.721	0.722	0.699	75.0
冰岛	0.949	0.899	0.898	0.894	0.846	0.839	83.0
英国	0.932	0.907	0.863	0.856	0.829	0.824	81.3
马耳他	0.895	0.839	0.853	0.823	0.767	N/A	82.5
欧盟平均（含英国）	0.903	0.871	0.858	0.829	0.799	0.792	80.6
EU28标准差	0.036	0.036	0.039	0.046	0.043	0.049	2.526
全球平均	0.737	0.724	0.699	0.587	0.557	0.525	71.8

资料来源：作者根据UNDP《人类发展报告》2011/2016/2020三年统计数据整理自制。

由表7-1可得：首先，2010—2019年欧盟整体的HDI和

IHDI 都有所提升，表明欧盟从整体情况看在人类发展方面不断进步；其次，从两大指标 EU28 的标准差来看，2010—2015 年离散程度（或者说地区分异）正在缩小；但是 2015—2019 年欧盟内部的离散程度（地区分异）并没有得到改善甚至差距在扩大；第三，欧盟 28 国的 HDI 和 IHDI 在全球范围内属于高指标国家，但在欧盟内部明显呈现出西欧和北欧成员国优于其他地区的状况，中东欧和南欧的劣势尤其明显。

根据世界银行的统计，2015—2019 年欧盟的人均 GNI 数据、2020 年的基尼系数数据、2019 年的城市人口比重数据（见表 7-2）。

表 7-2　2015—2019 年欧盟 28 国（含英国）基础经济发展指数

	基尼系数 ×100	城市人口比重	人均 GNI（按 2020 年 PPP 计算，单位：美元）				
	2020 年	2019 年	2015 年	2016 年	2017 年	2018 年	2019 年
法国	32.55	74.7	41100	39070	38270	41080	42290
德国	32.33	80.7	45750	44250	43650	47140	48550
意大利	35.92	77.4	32980	31950	31340	33810	34830
荷兰	28.31	70.7	49810	46900	47110	51250	53010
比利时	27.57	91.9	45540	43360	42460	46060	47960
丹麦	28.50	91.2	60510	58040	56690	61340	64000
克罗地亚	29.80	88.0	12970	12380	12680	14080	14990
希腊	36.47	57.2	20140	18590	17940	19050	19690
西班牙	36.69	79.4	28430	27530	27070	29320	30330
葡萄牙	34.90	80.6	20440	19930	20040	22030	23150
奥地利	30.44	65.8	47450	46200	45030	49030	51390
瑞典	30.00	58.5	58420	54360	53030	55640	56090
芬兰	26.89	87.7	47150	45500	44790	48230	49960
塞浦路斯	33.50	85.4	25980	24710	24710	26990	27930

续表

	基尼系数×100	城市人口比重	人均GNI（按2020年PPP计算，单位：美元）				
	2020年	2019年	2015年	2016年	2017年	2018年	2019年
爱尔兰	30.77	66.8	50390	51860	53750	60450	63470
匈牙利	29.76	63.4	13250	13100	13190	15010	16530
捷克	25.43	73.9	18370	17670	18310	20520	21930
爱沙尼亚	32.18	69.1	18680	18410	18820	21320	23230
拉脱维亚	33.71	68.2	15100	14780	14830	16520	17730
立陶宛	36.98	67.9	15180	14890	15270	17440	19000
波兰	30.19	60.0	13310	12720	12730	14150	15350
斯洛伐克	25.77	53.7	17670	16790	16600	18300	19200
斯洛文尼亚	24.84	54.8	22250	21770	22120	24580	25910
保加利亚	37.15	75.3	7450	7430	7640	8560	9570
冰岛	28.41	93.9	49940	54910	60230	67760	72930
英国	33.12	83.7	44340	42940	41280	41740	42130
马耳他	29.74	94.7	25230	23590	24140	27090	28340
卢森堡	35.11	98.0	72470	68670	66380	70840	N/A
欧盟平均（含英国）	31.18	74.61	33399.3	32170.7	31812.6	34495	34795.9

资料来源：作者根据世界银行数据库统计数据整理自制。

注：2019年卢森堡的GNI数据缺失不在统计之列。

由表7-2可知：第一，除北欧外，欧盟其他国家的基尼系数大都超出了整体平均值，可见北欧的贫富差距相对较小，其余国家尚有上升空间（但是欧盟整体基尼系数远远优于全球平均水平）；第二，城市人口比重偏低的成员国大多数在人均GNI上的表现同样略低于欧盟平均水平，但法国、荷兰、瑞典、奥地利、爱尔兰并无这一状况，其相关性有待验证；第三，西欧和北欧的人均 GNI 明显优于南欧和中东欧地区。

根据世界银行数据，欧盟各国 2020 年预期教育年限、2017 年的每千人病床床位数、2018 年卫生支出占政府财政支出比重的情况见表 7-3。

表 7-3　　　　　　欧盟部分关键公共服务数据统计

	预期教育年限（2020 年数据，单位：年）	每千人病床床位数（2017 年数据，单位：张）	卫生支出占政府财政支出比重（2018 年数据，单位:%）
法国	15.6	6.0	14.8
德国	17.0	8.0	20.0
意大利	16.1	3.2	13.2
荷兰	18.5	3.3	15.4
比利时	19.8	5.7	15.0
卢森堡	14.3	4.7	10.7
丹麦	18.9	2.6	16.6
克罗地亚	15.2	5.5	12.3
希腊	17.9	4.2	8.5
西班牙	17.6	3.0	15.2
葡萄牙	16.5	3.4	13.4
奥地利	16.1	7.4	15.5
瑞典	19.5	2.2	18.6
芬兰	19.4	3.3	13.3
塞浦路斯	15.2	3.4	6.6
爱尔兰	18.7	3.0	20.2
匈牙利	15.2	7.0	9.9
捷克	16.8	6.6	15.5
爱沙尼亚	16.0	4.7	12.5
拉脱维亚	16.2	5.6	9.6

续表

	预期教育年限（2020年数据，单位：年）	每千人病床床位数（2017年数据，单位：张）	卫生支出占政府财政支出比重（2018年数据，单位：%）
立陶宛	16.6	6.6	12.7
波兰	16.3	6.6	10.8
斯洛伐克	14.5	5.8	12.7
斯洛文尼亚	17.6	4.5	13.8
保加利亚	15.5	7.5	11.6
冰岛	19.1	3.1	16.6
英国	17.5	2.5	19.2
马耳他	16.1	4.5	15.6
欧盟平均（含英国）	16.9	5.4	13.9
全球平均	12.7	2.9	N/A

资料来源：作者根据世界银行数据库统计数据整理自制。

注：全球平均卫生数据占政府财政支出比重数据缺失不在统计之列。

由表7-3可知：第一，欧盟28国所有成员国的预期教育年限均超过了全球平均水平，基本维持在16年左右；第二，除个别国家（主要是中东欧国家）外，欧盟28国的每千人病床保有数量与全球平均水平差异较小，而欧盟内部每千人病床保有数量的差距与此次疫情中欧盟各国的表现基本一致；第三，欧盟成员国中西欧国家卫生支出占该国政府财政支出比重优于欧盟其他成员国，且绝大多数成员国（希腊、塞浦路斯、匈牙利、拉脱维亚除外）的支出比重均在10%以上。

二 初次分配：劳动与就业

欧盟为推动共同富裕，在初次分配问题上主要有三方面的政策抓手：积极的劳动市场政策（Active Labour Market Policies，ALMPs）；公共就业服务（Public Employment Services，PES）；就业保护立法。三大抓手旨在通过劳动就业政策来平衡初次分配过程。其中，ALMPs 与 PES 是偏向软性的指令性文件、决议等政策框架要求（软法），通过机制网络的作用促使成员国协调开展行动，而并不作为监测、评估、奖惩的工具；与之相反，就业保护立法则是偏向硬性的政策框架要求（硬法），要求成员国在相关指标上至少达到最低要求。

（一）积极的劳动市场政策

ALMPs 的主要目标是增加求职者的就业机会并改善劳动力的供需匹配，从而促进就业和 GDP 增长，减少失业和福利依赖。ALMPs 的范围包括：机构和工作场所提供的培训；间接就业激励（工作保留、工作分享、招聘补贴）；建立有庇护和受支持的就业；提供直接的就业机会和创业激励等。ALMPs 兼具优缺点，从现有的对不同 ALMPs 项目的评价看："招聘激励"的效果比较复杂，选择适当的激励方式并不容易；而公共部门直接提供就业，被认为是效率最低的；旨在保留就业的 ALMPs，如短期工作计划，应仅在短期内和严重衰退期间使用。一般来说，ALMPs 的实施与它们对劳动力市场的影响之间存在延迟。因此未雨绸缪地设计有一定必要性，但是如何在一个经济衰退的社会采用激活手段、又如何在一个受限的市场精确平衡"培训优先"与"就业优先"，这些都是挑战。最后是评估手段的问题。监测和评估对于提高效率至关重要，但是 ALMPs 通常不作为予以监视和评估的一个规则。

(二) 公共就业服务

PES 是直接对政府负责的主要劳动力市场机构，旨在促进求职者融入劳动力市场，并在某些情况下支付失业者福利。它整合了"积极"措施（培训、就业奖励、就业和康复支助、直接创造就业和开办奖励）和"被动"措施（失业保障、收入维持、提前退休等），从而提供更合理、更高效的就业服务。2014年6月18日，《关于加强 PES 合作的决定》生效，建立了一个正式覆盖全欧洲的 PES 网络，通过比较各国提供的各项服务的效果，致力于找出有效的相关措施，相互学习从而加强 PES 的能力、有效性和效率。目前欧盟 PES 代表性举措包括：在劳动力供应方面实施 PES 登记制度；从供需双方匹配的角度提供替代支持改善劳动力市场等。

(三) 就业保护立法

就业保护立法包括有关雇用或解雇工人的公司职员的规则和程序，主要涉及：试用期、法定通知期和离职补偿金（提前终止合同的员工补偿金）的合法性；对不公平解雇的制裁；临时或者定期合同的使用条件。就业保护立法的政策杠杆包括：通过缩小永久合同和临时合同的就业保护立法之间的差距来解决劳动力市场分割问题；在不修改永久合同或集体解雇规则的情况下，增加特定类型合同的灵活性，使员工有足够的保障来面对劳动力市场风险；寻求其他社会伙伴的支持以保障立法改革的可持续性；选择合适的改革顺序与时机，因为在经济低迷时期，削弱就业保护立法可能会造成更大的就业破坏。目前欧盟就就业保护问题的立法改革包括加强了对定期合同的限制，特别是针对临时职工；或者增加定期合同的期限或者延长期限的可能性。例如：比利时通过了《单一身份法》基本上协调了蓝领工人和白领工人之间的通知期，并重新定义了不公平解雇的定义；法国明确了出于经济原因可以解雇个人的具体情况，为公司设置工作条件带来了更大的灵活性；意大利以《就业法案》的形式进行了全面的劳动力市场改革，修订了不限成员名额合同的解雇规则，简化了非标准形式的合同，增加了公司内部的灵活性；立陶宛通过劳动法修订案缩短通知期和降低遣散费，从而降低了个人解雇的成本，并引进了一些新的合同类型；荷兰对不公平解雇的遣散费进行了限制，并对解雇的途径提供了更明确的规定，同时缩短临时合同的最长期限；波兰对连续固定期限劳动合同的数量和最长期限进行了限制。

三　社会再分配

（一）社会保障制度转移接续与趋同

社会再分配的核心是以社会保障为代表的财政支付转移，但大多数财政转移的主动权仍在各成员国政府，除在少数公共财政地区政策具有主导权外，欧盟更多的是为成员国设立目标和非强制性指导框架。

欧盟层面尽管在社会领域没有获得具体的社会领域的权能，但通过"开放性协调机制"等软性举措，通过允许人员自由流动以及对成员国跨境人员社会保障待遇的国民待遇等，努力推进社保体制对盟内公民的转移接续的有效性，推动了社保领域的盟内通用性和趋同。如对跨境成员国公民养老保障制度的转移接续方法的协同，推出境内通用医疗卡等。

（二）家庭政策

与其他国家不同的是，欧盟在共同富裕问题上涉及社会再分配的独特理念与抓手是欧盟家庭政策，其目标通常分为实行收入再分配、鼓励生育与促进性别平等。从具体内容上看，欧盟家庭政策主要包括三个方面：（1）儿童照料建议，促使成员国将鼓励男女协调职业、家庭与教育责任的措施具体化。(2) 孕产妇保护指令，以改善妊娠期女工的安全与健康状况。(3) 亲职假指令，规定了最低水平的强制性实施标准。亲职假指令同时针对两性且强调休假权原则上个人化的特征，具有思想上的进步意义，指令还赋予欧盟整合各国亲职假最低水平的权力。

从政策强度上看，家庭政策均以指令形式出现，属于欧盟层面的软法，并不制定统一的欧盟标准，但它同样对成员国提出了最低要求并督促其执行。例如，1998 年 2 月，欧盟委员会发布儿童照料建议的贯彻情况报告；1999 年 3 月发布孕产妇保护指令贯彻情况报告；2003 年 6 月发布亲职假指令贯彻情况报告。

欧盟还根据形势需求增添了新的政策内容。例如：1997 年 12 月发布非全日制工作指令，提出要建立有利于"男女协调家庭与就业"措施的必要性。1999 年 1 月发布固定条件工作指令，提出要有助于"提高工人生活质量"和推动"男女平等机会的改善"。2006 年 7 月发布在就业与职业中实施男女平等机会和平等待遇原则的指令，旨在简化、现代化并融合现存的就业与职业领域的男女平等待遇立法，明确禁止任何基于性别立场的歧视，提出实行陪产假和收养假。2008 年 10 月发布产假建议，延长了产假的最低时长，要求强制休产假，保证工人重回工作岗位和要求灵活工作时间的权利。2010 年 3 月发布实施亲职假修订框架协议指令，规定延长亲职假时长、承认亲职假结束后重回工作岗位的权利、给予休假者更大的保护。

(三) 欧盟的社会救助政策

除了社会保障和家庭政策外，欧盟在社会再分配上推动共同富裕的第三大政策抓手是它的社会救助政策（见表 7-4）。欧盟为建立一个更加融合的社会，实施了"国内行动计划"（National Action Plans on Social Inclusion）并开始建立衡量贫困的指标体系。典型案例如下。

表7-4 欧盟部分成员国社会救助政策

比利时	主要集中在最近的政策措施:"积极福利国家"方法;整合劳动力市场的关键要素
丹麦	以最好的方式发展整合的劳动力市场,达致社会融合;提供财政支持;改善弱势群体生活条件
德国	2001年4月出版了第一份贫困和健康政策报告;实施积极福利国家政策;避免掉入贫困陷阱
希腊	NAP/incl包括大量的政策措施;三个反响;新经济条件下的失业和转移支付,社会政策的传递,以及信息的处理
西班牙	改革就业政策;社会排斥的多维度特性使政府很难实施一个一致的社会融合政策
法国	自1998年就已实施和贯彻NAP/incl方法;制定两个战略,即就业的获得与社会权利的运用
爱尔兰	1997年制定国家反贫困战略,实施NAP/incl后重新审视这一政策
意大利	NAP/incl建立在2001年实施的国家社会计划上;对社会保护支出重新做了预算;实施政策整合的、建立在合作伙伴和多部门合作之上的新计划
卢森堡	一个积极的社会国家;提供给每个人足够的收入;在工作中孕育社会整合,防止潜在的贫困
荷兰	实施建立在就业和收入安全之上的政策,保证最低工资
奥地利	整合经济、就业和福利政策;NAP/incl建立在现有的政策之上
葡萄牙	NAP/incl降低其他定量的目标,以消除儿童贫困,消除普通贫困
芬兰	保留社会保障制度的基本框架,同时把就业放在首位
瑞典	在反贫困中发挥灵活就业的作用;2004年,NAP/incl要求提高就业率,终止对社会救助的依赖
英国	已实施长期战略;承诺提高就业以消除贫困,承诺用20年时间消除儿童贫困

在过去20年间,欧盟国家社会救助体系中最低收入保护呈现持续下降趋势。这样的趋势部分受到了经济危机影响,GDP中有着较高公债的国家,社会救助收入的充分性更趋减少。社会救助领域相关服务有些是基于家计调查的给付,有些则是普惠性的。受到欧洲经济危机影响,福利开支削减,部分国家开

始重新审视这类社会救助的作用。2014年欧盟各国家计调查福利占总社会开支的11%。各成员国之间基于家计调查的福利给付差异较大，比重较低的如爱沙尼亚、拉脱维亚、瑞典与捷克少于3%，比重较高的如爱尔兰与丹麦超过30%。基于家计调查的福利开支比重在各服务领域之间也有区别，在健康照顾及老年遗属福利领域所占比重较小，而在社会排斥及社会住宅领域比重较大，此领域支出基本面向低收入与低资产群体。

四 第三次分配

（一）公益慈善事业

慈善是建立在社会捐献的基础上，用公众的资源做公益的事情，是一种特殊的利益分配与资源配置方式，它在推进共同富裕过程中不可或缺。欧盟在公益慈善事业上无法制定强制性的措施，明确的软法也未出现，尽管欧洲议会多次发声"劝捐"，但并未出台相关政策指令。尽管如此，欧盟内部以成员国为主体的公益慈善事业政策依旧自发地形成了几种模式。

在艾斯平·安德森对福利资本主义三个世界的划分中，欧盟国家既有自由主义福利体制的代表，如英国；又有保守主义福利体制的代表，如德国与法国；还有社会民主主义的代表，如瑞典。这三种福利体制的代表国家在慈善领域亦具有各自的鲜明特点。三种不同模式的慈善监管制度根植于各国的文化、经济、政治、社会及法律等制度环境，不同的建制理念产出不同的制度。它们在欧盟内部共同形成了规范性的网络。

（二）企业社会责任

欧委会在2001年发表的欧盟企业社会责任绿皮书《推动企业社会责任的欧洲框架》首次提出企业社会责任："公司在自愿的基础上，把社会和环境问题整合到它们的经营运作以及与利益相关者的互动中。"2011年10月，欧盟通过了《2011年至2014年企业社会责任战略》，对企业社会责任的定义有所变化，更多定义为政策和监管措施。欧洲还决定将企业社会责任融入其外交政策中。2012年6月，在德国柏林举行了"更好地在中小企业间倡议企业社会责任"研讨会，支持欧盟2010年提出的"欧盟2020战略"，将社会责任作为企业提高市场竞争力、发展创新经济的动力而不是企业的负担。2014年12月，欧盟发布的《欧盟大型企业和集团披露非财务信息和多元化信息修订指令》正式生效，要求欧盟符合要求的企业必须每年披露有关于社会、环境、人权、员工、反腐等方面所采取的政策和效果等非财务信息，并要求欧盟各成员国须在2016年年底前将该指令转化为本国法律。从2001年提出至今，通过企业社会责任促进社会经济发展的理念在欧盟中的政策强度不断提升，从单纯的政策建议发展为当前的软法，未来甚至有可能出现向硬法转变的趋势。

五 欧盟推动共同富裕的地区政策及财政转移

欧盟层面最直接针对地区和人员贫富差异平衡和贫困的举措当属地区政策、结构基金和团结基金等政策性财政转移支付举措。

（一）欧盟地区政策

1988年地区政策改革前，欧共体地区政策大致包括三个主要部分。一是向落后地区提供广泛的财政援助，二是保证共同体各方面的政策、措施照顾到地区问题，三是协助成员国实施其各自的地区政策。从经济角度上看，这一时期的地区政策主要体现在地区发展基金的使用上，但其实际效果难以衡量，其主要原因是共同体层面的地区政策基金使用往往与成员国的地区政策融合在一起。在1988年2月，各成员国一致决定对地区政策进行根本性改革，经过这次改革，地区政策在欧盟整个政策体系中地位日益强化。从财政预算的角度上看，地区政策已经成为仅次于共同农业政策的第二大政策。其后的历次修订均是在此基础上进行的调整。在经历1993年、1999年、2003年、2007年四次调整性的改革后，欧盟最终形成了以2007年改革为基础框架的地区政策。制定政策原则的主要出发点是提高政策实施的效率，扩展政策参与度，防止政策工具的实施带来道德风险和投资挤出效应等不利影响。从政策目标上看，现阶段欧盟地区政策确定了三大目标：趋同目标、竞争力和就业目标、地域合作目标。当前欧盟为平衡地区发展而实施的公共财政转移中最重要的两项工具便是欧盟结构基金（EFSF）和欧盟团结基金（EUSF）。

（二）欧盟结构基金（EFSF）

欧盟结构基金是欧盟首创的一种全新的产业政策工具。结构基金由四部分组成：欧洲社会基金（ESF）、欧洲地区发展基金（ERDF）、欧洲农业指导和保障基金（EAGGF）以及渔业指导性融资基金（FIFG）。欧洲社会基金主要提供职业培训和就业帮助，以解决青年和妇女的就业问题；欧洲地区发展基金是四个基金中最大的，基金额约占整个结构基金的一半。该基金的主要目的是支持落后地区中小企业的发展、促进投资和改善基础设施；欧洲农业指导和保障基金主要是为农村地区采用农业新技术、改进农业产业结构和发展非农产业提供资金支持；渔业指导融资基金是为帮助沿海地区渔业生产萎缩的渔民而设立的。结构基金的资金是欧盟各成员国按照其国民生产总值的一定比例缴纳的，并纳入欧盟的财政预算中，对欧盟经济与社会的稳定发挥了重要的作用。经过不断完善，它成功地支持了欧盟经济落后地区和产业衰退地区的发展和结构调整。

2003年7月17日，欧盟发表了一份报告，对1994—1999年结构基金的"六年规划"作了总结，其结论是："欧盟在利用结构基金方面取得显著成效，促进了欧盟内落后地区的经济增长、就业和可持续发展。"据统计，1994—1999年期间，欧盟向"目标一"地区投入的结构基金达到1140欧元，占结构基金总额的三分之二。从实施结构基金的实际效果看，成员国的地区不平衡得到一定程度的改善；受援国的基础设施建设得到了加强；受援国的卫生和教育事业得到了进一步发展，保护和改善环境方面有了更大进步；受援国居民的文化教育水平和基本素质得到了一定提高并扩大了就业范围；受援国劳动力市场得到了培育；欧盟最落后的地区获得了约2100亿欧元的公共和私人投资，创造了80万个就业机会，修建高速公路4100公里，普通公路3.2万公里，有21万家中小企业和800万人得到帮助。在此期间，接受地区发展援助的希腊、葡萄牙和西班牙的人均国民收入增长率要比欧盟平均水平高出至少一个百分点。葡萄牙和德国"一类目标地区"的经济增长率分别达到了4.7%和4%，平均而言，投入到该类地区的每1欧元结构基金，就使当地的GDP增加1.33欧元。1999年，结构基金使得希腊、爱尔兰和葡萄牙的人均GDP增加将近10%，而西班牙则为4%。以爱尔兰为例，人均GDP在1983年只有欧洲共同体平均水平的64%，到1995年则接近欧盟平均水平的90%，在2000年，其人均收入为22660美元是欧盟平均水平的115.2%，已经开始接近英国，被称为"凯尔特之虎"，成功地实现了经济的腾飞，成为受惠于结构基金而得到迅速发展的成功典范。欧盟结构基金在缩小地区差距、促进落后地区就业和经济增长方面的确取得了很大成效。更为重要的是，因为得到了结构基金实实在在的帮助，受援地区和新入盟国家人民对欧洲一体化和"欧洲身份"

的认同感大大增强。这就为今后欧盟的进一步扩大和深化改革打下了思想基础。欧盟的结构基金虽然在缩小成员国之间的差距方面取得了明显的成效，但在缩小成员国内部地区与地区之间、欧盟中心地区和边缘地区之间的差距方面收效甚微。

（三）欧盟团结基金（EUSF）

1991年欧洲理事会考虑到欧洲经货联盟的运作会对扩大贫富差距产生影响，因此根据最穷的4个成员国西班牙、葡萄牙、爱尔兰、希腊的要求建立了团结基金，目的是为经货联盟带来两极分化的负面作用对这4个成员国进行补偿，在财政上对环境项目和跨欧洲的交通、能源、通讯网络项目予以支持，以此帮助它们赶上先进的成员国。团结基金的运行遵循理事会规章，该规章于1994年5月26日生效，并在1999年进行了修订。团结基金的指标分配基于精确的和客观的标准，主要是人口、国土面积和人均GDP。团结基金提供的支持是与条件挂钩的，比如受益国必须实施一个促进经济趋同的计划。成员国自行进行项目的选择与执行，但申请的项目必须是交通运输基础设施或环境保护设施建设项目，并且要接受欧盟委员会的监管。对团结基金援助成员国的要求，除了人均国民生产总值方面的条件外，还包括受援国不能拥有过量的国债和预算赤字，如果受援国出现了超额财政公共赤字，理事会便会终止团结基金；在超额赤字消除以前，不再接受新的项目。团结国家可根据需要选择可行的项目，但对交通基础设施和环境领域项目的融资比例应保持在1∶1。团结基金提供的援助，通常要适应欧盟的经济过渡计划。如果成员国没有与过渡计划保持一致，欧盟委员会便会通知理事会。

团结基金是欧盟援助落后成员国的特殊基金。由伦敦经济学院对团结基金所作的一个评估表明，团结基金对这些国家的经济发展和创造就业都起到了一个积极作用。例如：1994—

1999年6年规划期间，西班牙的国内生产总值多增长了5.1%、希腊多增长了4.8%、葡萄牙多增长了4.4%、爱尔兰多增长了3.8%。在2000—2007年的7年规划中，团结基金的援助金额达到180亿欧元，加快了四国的经济发展速度。团结基金为希腊、西班牙、葡萄牙、爱尔兰的基础设施建设提供了大量援助。1994—1999年间，欧盟结构基金、团结基金和欧洲投资银行贷款资金在交通基础设施方面的支出额为19.94亿欧元，用于爱尔兰、希腊、葡萄牙、西班牙和意大利的公路、铁路、地铁、航空和其他混合交通设施类型，四国在铁路、公路和电讯网络方面获得了极大的改善，它们的汽车高速公路网密度1991年还比欧盟15国平均水平低20%，到2001年时已超过该平均水平10%。1986—1996年，西班牙、葡萄牙、希腊和爱尔兰的人均GDP从占欧盟平均水平的65%上升到76.5%，爱尔兰从1988年的63.8%上升到1999年的111.7%，成为欧洲富裕的国家之一。1996—2002年，四国就业率提高了8%，2002年达到60%，仅比欧盟15国平均就业率（64%）低4%，差距比6年前缩小了1倍。

英　国[*]

英国是自由主义福利国家的典型，注重依靠市场机制为基本原则的福利分配，政府的角色主要是补缺。总的来看，除了全民免费医疗制度以外，英国的社会保障模式较为保守，保障力度较低，社会贫富悬殊水平相对高一些。

一　初次分配情况及政策

（一）基尼系数

2018 年 OECD 成员国的基尼系数平均数情况是：税前与转移支付前的基尼系数为 0.41，政府通过税收和转移支付等公共政策干预后，基尼系数为 0.31。英国的基尼系数在政府干预后为最高的三个国家之一：智利（0.459）、美国（0.385）和英国（0.361）；最低的三个国家是：斯洛文尼亚（0.246）、捷克（0.241）和斯洛伐克（0.232）。

英国基尼系数在 1980 年前保持较低水平。1980 年以后，以撒切尔夫人为首的保守党政府大力推行私有化和放松管制的改革，基尼系数出现了大幅度的跃升，到 20 世纪 90 年代达到了 0.34，此后经历了一些波动，但基本上保持稳定，2019 年为 0.35（见图 8-1）。

---

[*] 本章执笔人：上海财经大学郑春荣。

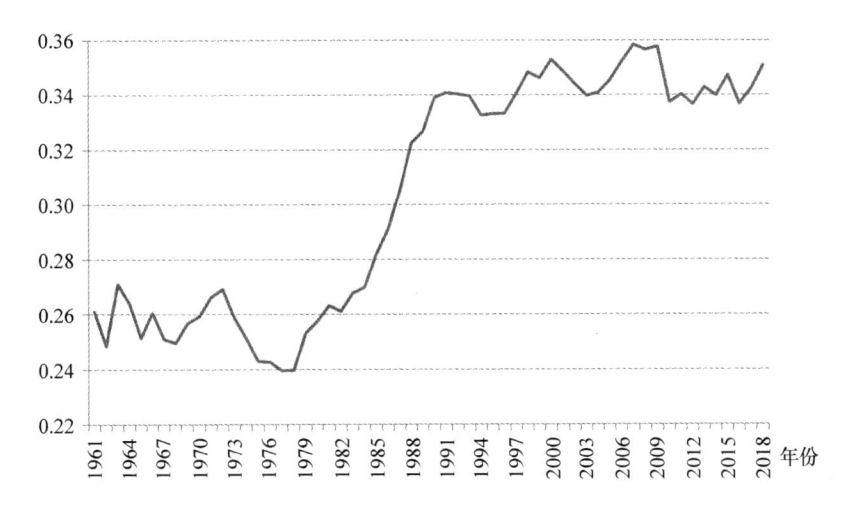

图 8-1 英国的历年基尼系数

资料来源：Bourquin, P., Joyce, R. and Norris Keiller, A.（2020），Living Standards, Inequality, and Poverty：2020，IFS Report 170。

（二）贫富差距

一直追踪分析英国人生活水平的经济智库决议基金会（Resolution Foundation）发布报告称，英国的贫富差距在过去10年间不断扩大。其中，财富天平的一端是1%的英国人，也就是约48.8万人，拥有这个国家近14%的资产，相当于11万亿英镑。而天平的另一端却是730万英国人（占英国总人口的15%）或两手空空，或终日为偿还债务而奔波。[1] 从发展趋势来看，英国的两极分化在未来会越发严重，占人口一半的穷人的收入会下降，而另一半的富人的生活水平会继续提高。

英国政府在20世纪90年代中期为缓解社会贫富差距做出的努力，使得英国社会当时的贫富差距有所缩小。自1995—2005年间，处于社会下层4/5的英国人所拥有的资产总额占比从

---

[1] Resolution Foundation（2017），"The generation of wealth：Asset accumulation across and within cohorts"，https：//www.resolutionfoundation.org/app/uploads/2017/06/Wealth.pdf.

1995年的35%上涨至2005年的45%。但是好景不长，在2005年达到峰值后，这一状况又发生了转变。

贫富差距不断拉大的原因有：当前新增的工作多为高收入类型，很少涉及中等收入以及低收入群体。研究表明，到2020年，英国预计会新增200万个高收入的专业和管理型工作。尽管低技能服务业的工作也会增加，比如，在零售业、护理行业和休闲服务业会增加70多万个就业岗位，但是更多的中等收入的传统就业岗位，比如需要技能的管理工作和制造业工作，正逐渐消失殆尽。

收入分配的悬殊带来了社会分裂。2016年6月23日，英国在"脱欧"公投中，社会中低收入民众是坚定"脱欧派"，在一定程度上主导了投票结果。中低收入民众反对全球化、欧洲一体化，要求收紧移民政策。从2004年欧盟东扩以来，越来越多的东欧穷国的穷人融入到英国。10年间，英国接纳了超过100万东欧移民，这些东欧移民在一定程度上挤压了英国中低收入者的工作机会，并分享了英国的社会福利。

二 社会再分配情况

（一）英国的财政税收政策

1. 财政收入总量

从国际比较来看，英国的税收收入比重在发达国家大约处于中游。2019/2020财年，英国的税收收入为7570亿英镑，平摊至每位国民，每人约14000英镑的税收。税收收入占英国国民收入的比重为34.4%，这一比重达到了20世纪40年代以来的最高值。

在税收之外，英国政府还有少量的其他收入，例如国有企业的利润上缴、学生贷款的利息收入等。加上这些收入，政府总的财政收入为8110亿英镑，占国民收入的比重达到36.9%，是20世纪80年代以来的最高值。

2. 财政收入结构

如图8-2所示，与其他发达国家相比，英国从财产税中获得的财政收入较多，尤其是营业房地产税；英国从社会保险税获得的财政收入较少。这与英国的社会保障体制有关。英国的社会保障体制带有许多贝弗里奇模式的特征，社保功能定位以补缺为主，因此弱化了社会保险体制。

如果英国效仿欧洲大陆国家的社会保险体制，则需要加大对工薪阶层的收入课税。在2016—2017财年，英国全职人员的中位收入者的税率为28%，而其他发达国家平均在44%。[①]

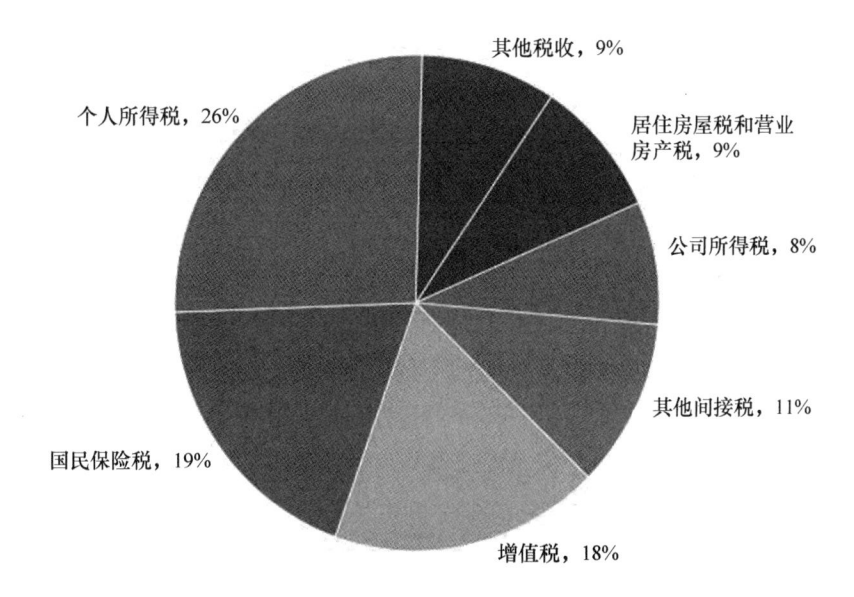

图8-2 2019年英国财政收入结构

数据来源：OBR, Economic and Fiscal Outlook: March 2019, https://obr.uk/efo/economic-fiscal-outlook-march-2019/。

---

① Adam, S. (2019). How high are our taxes, and where does the money come from. IFS Briefing Note BN259.

（二）英国的社会保障总量与结构

1. 社会保障支出总量

根据英国政府的统计口径，英国每年的社会保障现金支出与税收抵免的经费合计为 2250 亿英镑，约占 GDP 的 10%，占财政总支出的 1/4。根据英国预算责任办公室（OBR）的预测，到 21 世纪 60 年代后期，英国社会保障支出占 GDP 的比重将增长至 12%（见图 8-3）。

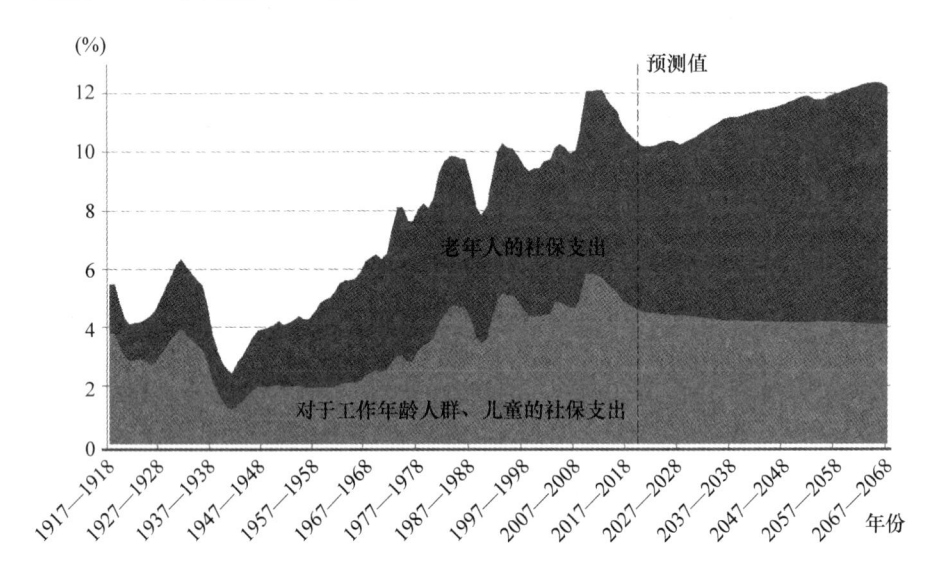

图 8-3 英国的社会保障支出

资料来源：L Gardiner（2019），The shifting shape of social security: Charting the changing size and shape of the British welfare system, Resolution Foundation, November 2019。

作为宏观调控的"自动稳定器"，英国社会保障支出存在一定的周期波动性。剔除波动性以后，可以看到，社保支出占 GDP 的比重呈逐年上升趋势。原因有：

（1）经济原因。第一，在经济低迷时，政府为了重振消费或关心弱势群体，会新出台一些社会保障政策，例如增加对儿童津贴的补助或应放宽儿童津贴的发放条件，而这些新政策在经济返回正轨以后，就难以取消。第二，由于失业保险金的领取条件较为严格，一些人士在丧失失业金领取资格以后，转而申请残疾津贴、最低收入保障金等，这使得社会保障支出结构发生变化，推高了支出的水平。

（2）老龄化。根据英国财政部的分析，1—15岁、16—64岁、65岁及以上的人士分别需要政府每人每年花费的社保支出是2800英镑、1600英镑和11000英镑。无疑大规模的婴儿潮世代退休，将极大地增加了社会保障支出。

2. 社会保障支出结构

从图8-4可以看出：（1）2010年以来，社会保障支出比重（即占GDP的比重）有所下降。（2）从长期趋势来看，无论是老年人的社保支出比重、还是对于工作年龄人群与儿童的社会保障支出比重都有所上升。（3）老年人的社保支出比重上升速度较快。

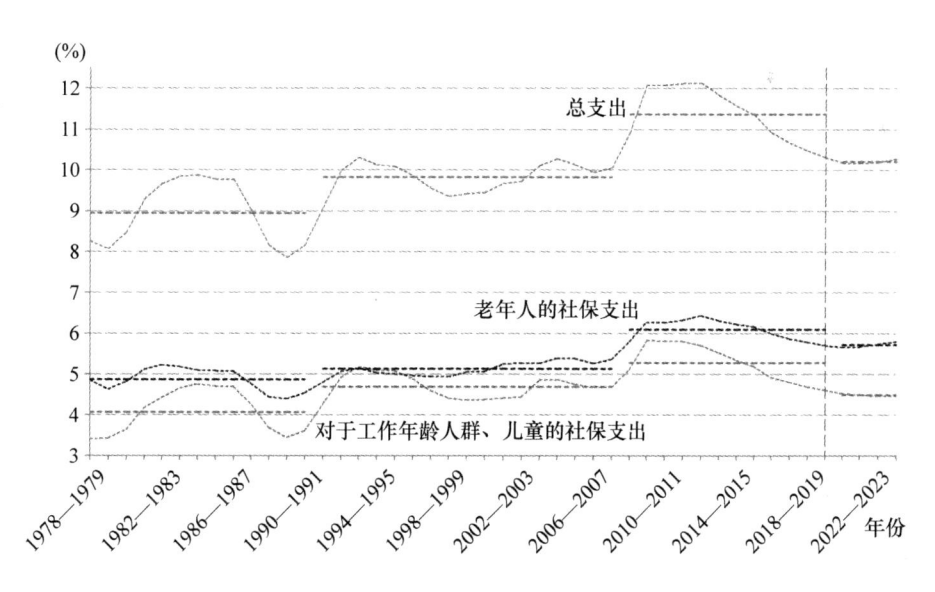

图 8-4 英国社会保障支出的结构

资料来源：L Gardiner（2019），The shifting shape of social security: Charting the changing size and shape of the British welfare system, Resolution Foundation, November 2019。

除了老年人的社会保障比重上升以外，英国的社会保障支出的重心从与收入相关的失业福利（丧失工作能力福利、收入支持和失业福利）向税收抵免、住房福利和残疾福利的转变。

（三）英国的基本养老保险制度

英国基本养老金给付的理念是保基本、广覆盖、强激励。一方面强调保障老年人的基本生活支出需求，保持较低的基本养老金替代率，以减轻企业和个人负担，并为职业养老金、私人养老金腾出空间。如图8-5所示，英国的基本养老金占社会平均工资的比重近年来有所回升，但仍然不到20%。另一方面强调公平，基本养老金统一实行定额，不与缴费基数高低挂钩，更加突出养老保险社会互济功能。

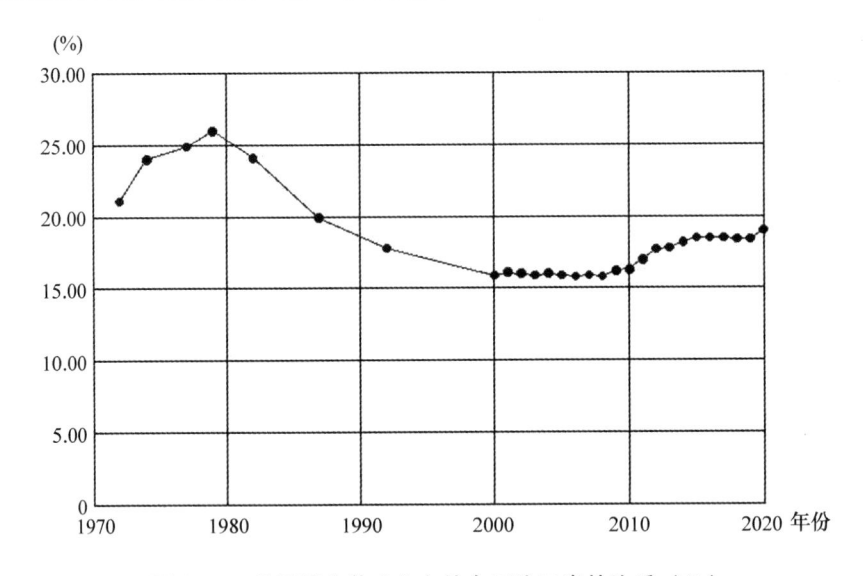

图8-5 英国基本养老金占社会平均工资的比重（%）

资料来源：Pensions Policy Institute. (2021). The pensions primer: A guide to the UK pensions system, May 2021。

据预测，2018年新进入职场的雇员，如果终身的工资一直为社会平均工资，到法定退休年龄时，其养老金的净替代率将到28.4%，低于OECD的平均数（58.6%），也低于欧盟的平均数（63.5%）①。即使把自愿性的养老金计划加上去，统计大口径的养老金的替代率，英国也仅达到61.0%，仍然低于OECD的平均数（65.4%）和欧盟的平均数（67.0%）。

虽然围绕养老金待遇水平较低的指责较多，但也有学者认为，由于英国实施免费医疗保健制度，在很大程度上降低了老年人的医疗支出，因此养老金待遇水平相对较低也是可以接受的。

为了刺激长期退休储蓄，减轻人口老化对公共养老金体系的财政负担压力，英国在2012年进行了第二支柱的养老保险制度改革——英国自动加入计划（Auto-Enrollment program，简称AE计划）。自2012年10月份起，所有年收入7475英镑以上、年龄在22岁到法定退休年龄之间、没有参加任何职业养老计划的雇员都将"自动加入"职业养老金计划。雇员在加入一家公司时，即默认自动加入雇主提供的这项职业养老金计划，除非个人主动明确提出不想加入雇主养老金计划。

从2012年开始，AE计划的雇主和雇员缴费率逐步提高（见表8-1）。2019年4月6日开始，AE计划的总缴费率从5%（雇主和雇员的缴费率分别是2%和3%）增加到8%（雇主和雇员的缴费率分别是3%和5%）。这一增长是自2012年AE计划启动以来实施的一系列提高缴费率的最后一步。

AE计划设有缴费门槛（Automatic enrolment earnings threshold）、减免额和缴费上限。2019—2020财年的缴费门槛为年薪10000英镑，减免额为6136英镑，缴费上限为50000英镑（见表8-2）。

（1）雇员的年薪低于缴费门槛但高于减免额时，雇主可以不为雇员开AE计划。若雇员要求参加该计划，则雇主不得拒绝

---

① OECD（2019），Pensions at a Glance 2019：OECD and G20 Indicators，OECD Publishing，Paris.

并需要履行配套缴费义务。雇员的年薪低于减免额时，雇主没有配套缴费义务。

表 8－1　　英国 AE 计划的缴费率调整情况

起止日期	雇主（最低）缴费率	雇员缴费率	总缴费率
2012/10/1—2018/4/5	1%	1%	2%
2018/4/6—2019/4/5	2%	3%	5%
2019/4/6 以后	3%	5%	8%

注：按照目前的规定，雇员的缴费率为 5%，雇员实际缴费率为 4%，政府以税收减免的方式缴纳 1%。

表 8－2　　英国 AE 计划的减免额、缴费门槛与缴费上限

年份	减免额（英镑）	缴费门槛（英镑）	缴费上限（英镑）
2012—2013 财年	5564	8105	42475
2013—2014 财年	5668	9440	41450
2014—2015 财年	5772	10000	41865
2015—2016 财年	5824	10000	42385
2017—2018 财年	5876	10000	43000
2018—2019 财年	6032	10000	46350
2019—2020 财年	6136	10000	50000

（2）雇员的年薪超过减免额且低于缴费上限的部分才作为缴费基数。

举个例子，一位员工的年薪为 22000 英镑，扣除 2019/2020 财年的缴费减免额 6136，其应缴纳的收入额为 15864 英镑，雇主、雇员、政府的缴费率分别为 3%、4% 和 1%，缴费额分别是 476 英镑、635 英镑和 159 英镑，进入该雇员个人账户的缴费额合计为 1269 英镑。

2012 年，与 AE 计划相配套，英国政府基于照顾中小型企业广大雇员，设立了由政府资助的低成本的养老基金投资自选平台 NEST（National Employment Savings Trust）。NEST 为一非盈

利机构，目标是为雇员及雇主提供行政管理费低、透明度高及简单的退休保障计划。NEST 每年收取的行政管理费为参保人总累计投资额的 0.3%。NEST 成立初期的开支由政府的贷款支持，其后运营则通过行政管理费维持。NEST 为非盈利性且独立于政府的公共组织（Non-Departmental Public Body），日常运营基本独立，但政府有责任确保 NEST 的运作成效。目前 NEST 平台上有 6 款基金选项：保守型（Pre-retirement Fund）、稳健型（Lower Growth Fund）、积极型（Higher Risk Fund）、道德型（Ethical Fund）、伊斯兰律法型（Sharia Fund）、目标到期型（Retirement Date Fund）。

总体上看，英国的 AE 计划对雇员产生了缴费激励，扩大了第二支柱养老金。根据 2018 年 12 月发布的《2018 年 AE 计划评估报告》（Automatic Enrolment Evaluation Report 2018），自从 AE 计划于 2012 年开始运作，已有超过 990 万名雇员加入该计划，超过 140 个雇主履行配套缴费的义务。英国的第二支柱养老金覆盖率由 2012 年的 55% 提升至 2017 年的 84%。

但批评者认为，这项计划设置了缴费门槛，实际上低收入者仍然无法参保，也没有机会享受政府的税收优惠。此外，一些收入偏低的雇员虽然参保了，但因为存在缴费减免额，因此雇主和政府的配套缴费金额并不高，这些收入偏低的雇员将来仍然存在老年贫困风险。

（四）英国的国民卫生保健服务

1948 年，英国政府宣布建立国民卫生保健体系（NHS），向全体国民免费提供卫生保健服务。随着社会变迁以及健康照护的进步，英国的人口组成也随之改变，出现老龄化的倾向。根据英国国家统计局（Office for National Statistics）的数据，目前大于 65 岁人口已达到 18%，预估 2042 年会增加到 24%；老年人的健康照护支出是年轻人的 2.5 倍，而少子化的趋势使得劳动人口减少，领养老金者增加，造成财政收入增长乏力；另一方面，大量老龄人口使得各种慢性疾病增加，多重共病治疗更加重了医疗体系的负担。

随着医疗支出越来越庞大，NHS 的预算没能相应地提升，面临财务压力。1948 年 NHS 创立时，规划每年预算须增长 3.7%；2018 年 NHS 70 周年时，其预算达到 1560 亿英镑，账面金额增长了近 12 倍，然而实际上的增长率却不如预期。自从 2010 年保守党执政后，以财政困难为由削减了 NHS 预算，每年平均仅增加 1% 左右；而后虽然上调至 3.4%，但剔除了通货膨胀影响后，从 2009 年、2010 年到 2018 年、2019 年，NHS 的预算平均只成长了 1.4%。根据估算，这样的预算与 NHS 预期达到的发展目标之间，至少有 200 亿至 300 亿英镑的差距。

由于预算紧缩，NHS 通过各种手法提升效率，其中将业务外包给效率较高的私人企业是其中一种。早在 2000 年工党执政时期，NHS 中的非医疗业务，如会计、IT 等后勤办公室，很大程度都已经外包给私企负责。近年来，医疗业务也逐渐外包给私人的医疗机构完成，因为卫生官员认为此举可增加医疗能量，并缩短等待时间。也因此，2019 年大选期间，保守党政府被抨击正在"私有化 NHS"。

此外，严谨的分级医疗虽然让病人分流，但其带来的问题便是冗长的等待时间。病患因为要通过全科医师转诊后才能接受进一步的检查，或得到专科医师的照护，NHS 针对非紧急医疗状况的最长等待转诊时间规定为 18 周，但实际上，可能需要等待更久才能看到医生。

（五）英国的统一福利金制度

在历史上，英国的福利救济金林林总总，明目繁多，例如低收入救济、失业救济、住房救济、儿童津贴，等等。从 2013 年 4 月底开始，英国以一种新的统一福利金（Universal Credit

取代原来有6类社会福利，包括低收入补贴（Income Support）、失业救济（Income‐based Jobseeker's Allowance）、就业收入补助（Income‐related Employment Support Allowance）、住房补贴（Housing Benefit）、儿童税收抵免（Child Tax Credit）、就业税收津贴（Working Tax Credit）等。

如果申请人全部符合以下条件，则有可能可以获得统一福利：申请人处于低收入或失业状态；申请人年龄在18岁以上，且申请人或者申请人的配偶低于国家法定退休年龄；申请人和申请人的配偶有不多于16000英镑的存款；申请人住在英国。要注意的是，如果申请人和申请人的配偶（未婚也算）住在一起，则申请人的配偶的收入和存款也会纳入对申请人的评估和考量；如果申请人有孩子，并不会影响申请人是否符合拿统一福利金，但是可能会影响申请人的给付待遇（见表8-3）。

表8-3　　　　　　　　统一福利金的标准津贴额

申请人的情况	每个月的标准津贴数目（单位：英镑）
单身且25岁以下	342.72
单身且25岁以上	409.89
和配偶一起且申请人都25岁以下	488.59（两个人加起来）
和配偶一起且申请人其中一人25岁以上	594.04（两个人加起来）

在标准津贴数目的基础上，还会根据申请人的孩子，健康状况，或是否需要交房租来决定额外发放多少。

申请人每个月发放统一福利的数目 = 标准津贴数目 + 额外数目

此外，如果申请人的健康状况使工作的能力很有限，则每个月会额外拿到341.92英镑；如果申请人已经在2017年4月3日前开始拿健康有关的统一福利津贴或者是与收入相关的就业和支助津贴（ESA），则每个月会额外拿到128.25英镑。房屋津贴会根据申请人的年龄和情况,包括租房租金、房屋贷款和服务费等(见表8-4)。

表8-4　　　　　统一福利金的额外津贴额　　　　　单位:英镑

第一个孩子	281.25(2017年4月6日前出生)
	235.83(2017年4月6日后出生)
第二个孩子或者还有孩子	235.83(一个孩子)
如果申请人的孩子有残疾	128.25
如果申请人的孩子有严重残疾	400.29
如果申请人有孩子看护费用	最多会支付85%的费用(最多一个孩子646.35;两个及以上孩子则最多1108.04)

英国政府统一福利金制度对补助金的第一次发放设置了一个为时5周的延后期,对于那些依赖救济金生存的人来说,漫长的等待让他们身无分文,入不敷出。在延后放款期,政府会提供预付金额度(类似于透支或贷款,需偿还),但对于那些没有什么经济来源的人来说,预付金不足以帮他们渡过难关。

除了首次放款延后太久,统一福利金制度中的补助金扣除规则以及扣除补助金引发的债务累积也都是导致申请者生存难的主要原因。补助金扣除(sanction)规则是一个处罚性的机制,申请者在和就业指导达成一致意见后签署协定条款,照章申领,如果申请者当月违反一条以上规定,下个月将被扣除一定数额救济金。

受英国财政削减政策影响,统一福利金在2013年4月首次推出以后,仅在2014财年、2015财年分别小幅调增1%,此后连续5年(2015—2019年)给付额一直未变动。

三 第三次分配

（一）个人慈善捐赠的情况

作为世界早期慈善发源地之一，英国有着十分悠久的慈善历史和慈善文化，英国民众慈善捐款与志愿活动的民间氛围较为浓厚，建立了英国慈善长远发展和持续发展的基石。

根据英国政府的统计分类，慈善捐赠分为两类：一种是一次性的捐赠（donations），另一种是多次的赞助（sponsorships），即在一段时间内分次捐赠资金，常常每次捐赠资金量是相同的。很长时间以来，英国个人捐赠的资金保持在每年100亿英镑左右，2018年的总金额为101亿英镑，而2017年为103亿英镑，2016年为97亿英镑。[1] 从资金量来看，赞助的资金量低于直接捐赠。

2018年英国慈善捐赠资金的主要流向为儿童或年轻人（26%）、动物福利（26%）、医学研究（25%）、医院和收容所（20%）以及英国的无家可归者、住房和避难所（18%）。

（二）慈善机构

2019年3月，英国有超过186000个注册慈善机构。[2] 然而，该部门的实际规模要大得多。除了已注册的慈善机构外，还有大量的慈善机构可以免除或免于注册或收入低于注册门槛。估计还有60万—90万个没有明确法律形式的非正式社区团体（可能有也可能没有慈善目标）和数量不详的非慈善组织，包括超过14000家社区利益公司（Community Interest Companies，

---

[1] The Trustees of the Charities Aid Foundation, *CAF UK GIVING 2019: An overview of charitable giving in the UK*, May 2019.

[2] 这里的统计数据仅包含英格兰和威尔士。

简称 CIC）。[1]

2018 年至 2019 年，英国注册慈善机构的总收入超过 790 亿英镑，其中报告的 230 亿英镑来自自愿捐款。然而，各家慈善机构的收入差异很大。

各类的慈善组织及慈善形式如基金会、社团、社会服务机构、慈善信托等与中国的运作方式大体相似，最为不同的类型是慈善公司（同时注册为企业和慈善组织的机构），在英国这一类组织还会进一步细分，分别有相应的运营规范。这类组织可以通过日常商业营运、投资、会费、捐助、股票收益、贷款等诸多方式维持组织运营和贡献慈善。[2] 英国慈善组织多样化的实现方式，促进了英国的慈善组织以各种方式拉动英国的民众捐赠。据统计，英国慈善最大的捐款来源是民众，第二大来源是政府，其他收入包括投资收入、国家彩票、机构捐赠、有偿服务获得的收入等。

---

[1] 资料来源：https：//uk. practicallaw. thomsonreuters. com/8 - 633 - 4989？ transitionType = Default&contextData = （sc. Default）&firstPage = true#co_ anchor_ a603657。

[2] 陈小德、张紫轩：《英国慈善事业发展主要经验与我们的思考》，《公益时报》2020 年 1 月 14 日。

俄罗斯[*]

一 基本情况

俄罗斯是一个转型国家,俄罗斯宪法确定了俄罗斯的国家属性是社会国家,这决定了俄罗斯的分配制度。俄罗斯分配制度的特点是,初次分配中劳动者工资占GDP的比重大于50%,二次和三次分配中政府向居民承担大部分社会义务。俄罗斯的经验表明,合理分配是社会稳定的基础,而社会稳定则是近12年来俄罗斯成功转型和经济增长的重要条件。不公正的分配政策会导致社会不稳定。在社会不稳定的条件下经济增长是不可持续的。

最近10年,俄罗斯的经济发展停滞。2010年,俄罗斯GDP总额为15200亿美元,人均GDP为10672美元。到2020年,俄罗斯总额GDP为1.4万美元,人均GDP为1万美元。

经济虽然停滞,但是近十年来俄罗斯的基尼系数一直保持在0.4左右。其原因一是俄罗斯将财政收入的大部分用于教育、医疗、住房和弱势群体等公共支出;二是多年来,扣除通胀后的实际工资增长率长期高于GDP增长率。

从社会发展方面来说,俄罗斯人的预期寿命并不高,2020年仅为73.42岁。但是,俄罗斯每千人有4.01名医生,世界排

---

[*] 本章执笔人:中国劳动关系学院许艳丽。

名第18，每千人病床数8.2张，世界排名第10。

二 初次分配指标及政策

随着经济体制转轨，俄罗斯的就业政策已由"国家保障的充分就业"改变为"市场竞争条件下的自由选择就业"，基本建成了劳动力市场。但由于经济结构调整进展缓慢，企业改革力度不大，很少裁减富余人员。俄政府的指导思想就是："首先保住现在已有的工作岗位。"

俄罗斯的劳动力市场政策是保障充分就业与实现自由择业并重。《俄罗斯联邦居民就业法》（1996年4月20日通过，2003年1月10日第8次修改）明确规定，国家实施旨在促进居民实现充分、生产性和自由选择的就业权利的政策。为此所实施的措施主要有：通过金融信贷、投资和税收政策来促进生产力的合理配置，提高劳动力的流动性，发展临时就业和自主就业，鼓励灵活就业，采取多种措施稳定现有岗位，开发新的工作岗位；在保护公民合法权益和提供国家保障的前提下，对就业领域进行法律调节；制订和实施促进居民就业计划；建立实施积极就业政策的有效机制，按照失业者失业前职业活动的特点、教育程度、性别、年龄等特征进行分类，根据劳动力市场状况，为失业者提供最有效的就业帮助；为依法认定的失业者提供社会帮助；建立联邦就业机构。就业法还规定，如个别联邦主体劳动力市场问题严重，联邦政府可从联邦预算中划拨资金予以缓解。

小企业是扩大就业的重要渠道，俄政府制定优惠政策支持小企业发展，包括：简化注册手续，提供贴息贷款和廉租商业用房，建立小企业基金，减免税收，提供免费法律咨询和市场分析，鼓励和促进技术革新活动，组织培训进修等。

严控企业非法裁员是政府考虑的重点之一。特别重视解决大学生就业问题。

为了保障劳动者的合理工资水平和各项权益，俄罗斯确立了以社会伙伴关系为基础、通过集体谈判调解劳动关系的模式。劳动法典的出台对创新集体谈判制度提出了更高要求。

上述措施保证了在初次分配中的工资比例。

截至2019年6月，俄罗斯失业率和就业率分别为4.4%、59.4%；工资达到49840卢布/月。

俄罗斯的最高收入与最低收入比为6.6∶1。根据俄罗斯联邦国家统计局的统计数据，2017年俄罗斯民众的平均月薪为28345卢布，因此可以将每月收入在2.21万至5.67万卢布的俄罗斯人划入中产阶级，约占俄罗斯总人口的38%。在过去的30年中，80%的人口收入下降了约21%，俄罗斯最富裕的公民群体的收入几乎减少了一半。中产阶级萎缩导致社会不安全感也在加剧，生孩子或退休会导致人们脱离这一阶层。

三　社会再分配

俄罗斯的社会保险是社会保障体系中最重要的一部分，包括三个层次：强制性社会保险，自愿性社会保险和国家保障性社会保险。其中占主要地位的是强制性社会保险，包括俄罗斯联邦养老基金、俄罗斯联邦社会保险基金和强制医疗保险联邦基金。2002年前还曾经有过就业基金，目前劳动与就业联邦部门行使保障就业、支付失业津贴的职能。

俄罗斯联邦养老基金保障支付老年人、残疾人和失去供养人的养老金。俄罗斯联邦社会保险基金保障并支付暂时失去劳动能力和生育保险、工伤与职业病保险。强制医疗保险联邦基金向卫生保健部门强制医疗保险项目的医疗服务拨款。

养老保险和医疗保险实现了全民覆盖。但是，养老金替代率较低，仅为35%。据俄罗斯国家统计局测算，如果希望将目前的养老金替代率保持下去，2010—2050年间，俄罗斯每年提高养老保险费率一个百分点，但提高费率不仅会增加税收负担，还会严重降低俄罗斯经济的投资吸引力，或是增加联邦预算拨款，使联邦预算养老保障拨款占GDP的比重，每五年提高一个百分点，系在40年间，将养老保障拨款占GDP的比重提高八个百分点，达到13%。

四 公共服务

俄罗斯政府通过人群之间和地区之间的财政转移支付，力图实现地区间的均衡发展和社会公平。

（一）公共财政转移支付占比

从2019年俄罗斯整合预算与预算外基金总额的支出结构来看，社会支出占总开支的61.2%；其次是用于国防、国家安全与执法活动的开支，占总开支的13.9%；占第三位的是国民经济发展开支，占12%。

各主体财政收入增长，但贫富地区财政收入两极分化趋势增强。未来俄联邦预算对地方财政的支持力度将加强，2020—2022年将向地方转移支付约7.5万亿卢布，其中为实施国家项目而划拨的财政支持资金约2.2万亿卢布，用于平衡预算拨款的补贴约2万亿卢布。但中央与地方的税收划分不平衡现象仍然存在，很多联邦主体与中央共享的税收仍不足以承担财政支出。

从2019年的联邦财政支出来看，支出主要集中于教育、卫生、文化、住房等领域，教育、卫生与社会基础设施、生产基础设施领域支出有小幅增加。根据《2020年联邦预算和2021年、2022年联邦预算规划草案》，2020—2022年用于人口与卫生项目的预算拨款约为2.7万亿卢布，用于教育项目的预算拨款约为 3800 亿卢布，用于住房建设项目的拨款将超过 4000 亿卢布。2020 年 3 月通过的修正案在未来三年内再增加支出 1.848 万亿卢布（其中 2020 年增加 3526 亿卢布）用于实施普京总统提出的社会保障措施，其中用于增加育有头胎子女家庭的补助预算为 6000 亿卢布，用于改善小学生在校免费饮食的预算为 1090 亿卢布，其他资金将用于为育有 3—7 岁儿童低收入家庭提供补贴、提高教师薪金等。此外，还将提高文教、卫生、社会服务领域工作人员薪金；增加军人、军属及退休军人的薪金与津贴；增加联邦教育机构本科生、博士研究生的助学金等。

（二）社会可持续发展支持政策。

2020 年 3 月以来，俄罗斯政府采取了一系列帮扶企业、增加财政收入和对冲新冠肺炎疫情影响的措施，其中包括将中小企业应缴纳的社会保险费率由 30% 暂降至 15%、暂缓 6 个月征收中小企业应缴税款、向中小企业提供优惠贷款。疫情发生以来，俄罗斯先后出台了多项支持政策，其中包括减税、退税、提高失业救助金、为有孩子的家庭发放补助等。

俄罗斯一直侧重于支持措施，这些支持措施约占俄 GDP 的 4%。俄罗斯在疫情下采取的支持经济发展和民众生活的措施有助于防止贫困加剧。如果俄政府自 2020 年 1 月以来没有采取应对疫情危机的措施，那么俄罗斯的贫困人口将会出现显著增长。俄罗斯比许多经济状况相似的国家更好地应对了这场危机。疫情为俄罗斯社会福利系统改革提供了契机。俄提高有孩子家庭的支持力度是向正确方向迈出的一步。

五 其他类别转移：慈善及税收优惠

俄罗斯本土大企业自然成为慈善捐款的主要群体。与西欧国家依靠公民社会推进企业慈善的方式不同，俄罗斯特殊的体制转型背景和国情决定了企业慈善捐款在很大程度上受政府的推动和影响。

俄罗斯政府针对本土大企业的慈善活动，重点着手在引导、推动和激励三个方面。首先政府引导，不特别主张搞扶贫、赈灾等领域的"突击式、运动式"的慈善，而引导的重点为支持体育、文化、医疗卫生和教育等社会基础设施领域。其次政府推动，2006年俄罗斯总统普京推动"公私协作模式"，把企业社会责任纳入到国家社会经济发展战略之中。例如，俄罗斯地方政府通过签订正式的合作协定引入商业资源，着重发展了苏联时期遗留下来的作为"社会基础设施"的体育、艺术、医疗卫生和教育等传统领域，使其成为俄罗斯企业慈善社会责任履行得最好、发展得最快的领域。最后政府激励。俄罗斯政府控制着企业生产和发展的重要的稀缺资源，企业往往需要寻求政府的保护来确定其在政策内容和执行上的稳定性以获得发展。

日　本[*]

一　基本情况

日本是经济高度发达的资本主义国家，其在社会发展领域也独具特色。拥有近85年的最长人均预期寿命的日本，当今作为国民最富裕的亚洲国家，即便经历了所谓的"失落的二十年"，其近五年的人均GDP均已超过了4万美元，并在2019年达到了42589美元的历史高点，而其人均GNI更是在2012年时逼近5万美元，随后由于日本全球产业布局的调整，其人均GNI走低，但在2018年已经重新突破了4万美元，并在2019年升至41580美元。与此同时，日本的就业率常年稳定在75%左右，长期失业率不足1.4%，其就业不安定指数更是仅有1.4，远低于OECD国家7左右的平均指数。不断改善的人均经济情况、稳定高就业率带来的充满活力的经济和良好的公共医疗卫生条件营造出的长寿型社会成了日本留给世界的第一印象（见图10-1）。

从历史的长周期视角观测，第二次世界大战前后的日本在财富分配方面根本是截然不同的两个国家。经过"失落的二十年"，2012年铺开的"安倍经济学"又为日本的收入分配带来了新的光景。不同历史时期的社会财富分配手段和政策工具，

---

[*] 本章执笔人：厦门大学嘉庚学院黄冠。

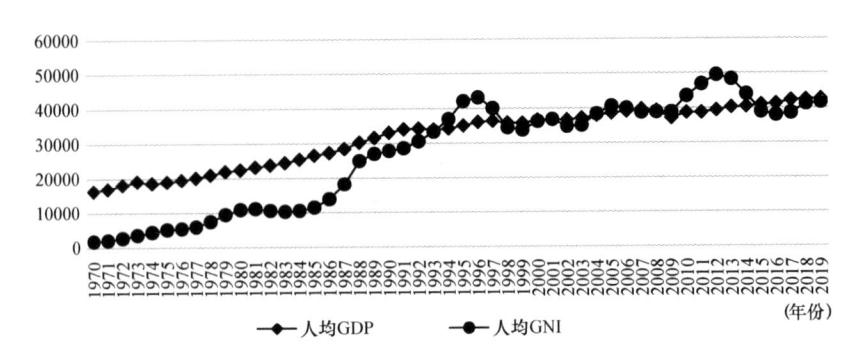

图 10-1 日本人均 GDP 及人均 GNI,1970—2019 年（美元）
数据来源：OECD 和 World Bank 统计数据库。

乃至制度涉及虽然都有差别，但论及结果，持之以恒的是战后日本在民众可支配收入方面只有 30 出头的低基尼系数（见图 10-2）。虽然实现社会均等的方式变化很大，但是日本如何实现了相对均衡的社会财富分配，以及为此目的而采取的政策工具和施政经验，对于正在转向"共同富裕"的中国都具有很好的借鉴和参考价值。

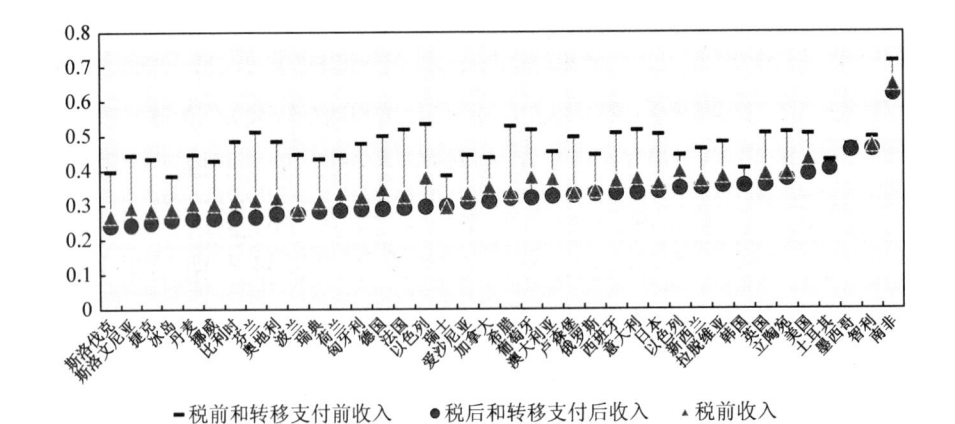

图 10-2 OECD 国家三次分配前后基尼系数变化（2019 年）
数据来源：OECD 的 SOCX 数据库。

在战后日本的资本主义"黄金年代"，年均经济增长率高达

10%，产业升级不断加速，在出口导向型的工业化过程中，中小型企业获得了良好的发展机遇，创造了大量的就业岗位，进而引发了持续的面向高附加值产业的劳动力流动。同时，均等导向的社会连带主义氛围在日本战后形成气候，日本政府与行业协会和工会相配合，共同建立并推广了基于行业和社会身份的财富再分配系统（Ito，and Wong，2010）。曾经的日本依靠以公共就业、农业补贴、限制市场竞争和保障就业等为代表的功能型项目，既实现了社会财富在不同行业间的均衡分配，又在低公共支出和低财富再分配的情况下，保障了"共同富裕"（Margarita，2008），然而面对"安倍经济学"引发的初次收入分配差距拉大，迅速增长的公共支出和扩大的财富再分配规模成了日本维持社会平等的新保障。

经过2012年开始的"安倍经济学"改革，日本初次收入分配的基尼系数飙升到0.5以上，但通过税收调整即降低到0.4以下。在再分配完成以后，日本的收入分配基尼系数进一步回落到了0.35以下，重新实现了日本社会收入分配的均等化（见图10-3和图10-4）。从中不难看出，在日本经历经济增长停滞的"失落的二十年"中，日本社会收入分配中标志性的高度均等化的初次收入分配体系逐步崩溃，曾经引以为傲的终身雇佣和工龄工资制度的覆盖范围逐渐缩小，劳动力收入的市场化水平显著上升。但与此同时，日本再分配的规模和功能同样得到了扩大和强化，通过有针对性的显著提高税收水平，强化了税收调节收入差距的功能，而扩张的公共财政也为社保福利的发展提供了稳定的支出来源，从而使日本的收入再分配水平达到了前所未有的高度。在这其中，公共财政在社保福利方面的支出自20世纪80年代起就持续高速增长，而新千年以来，日本民众在自愿参与的社保福利项目上的支出占GDP的比重也有显著增加。显然，当今日本，无论是在国家层面还是个人层面对于社会均等的重视程度都越来越高。

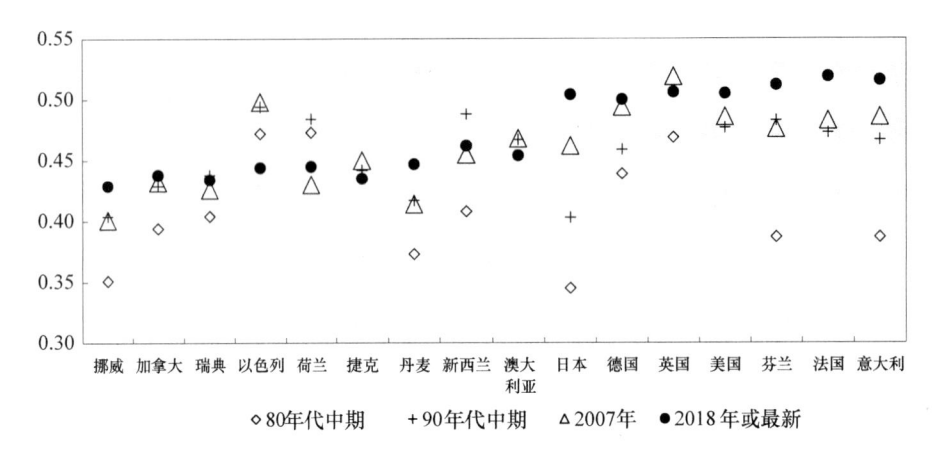

图 10-3 不同历史时期 OECD 国家初次分配后基尼系数演化
（20 世纪 80 年代中期至今）

数据来源：OECD 的 SOCX 数据库。

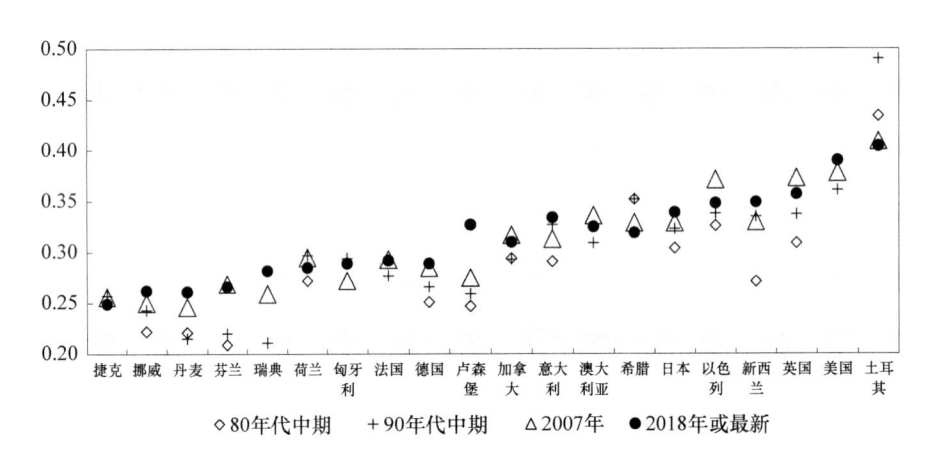

图 10-4 不同历史时期 OECD 国家再次分配后基尼系数演化
（20 世纪 80 年代中期至今）

数据来源：OECD 的 SOCX 数据库。

二 初 次 分 配

以终身雇用、工龄工资制和基于企业的工会联合为三大核心的日本就业系统，被认为是其在 20 世纪后半段取得巨大经济成就的核心支撑。随后，新千年的研究中又为日本的就业系统总结了第四个关键核心：公司中的社群感知，即从高到低纵向的不同层级人员间的互惠关系和基于共识的决策过程。可以说正是前三项制度性的就业设计，造就了第四项社会性就业共识的诞生，而这几大核心共同构架和主导的日本就业系统则促使"安倍经济学"改革前的日本初次收入分配呈现出高度均等化的特征。在整个日本经济高速增长的20世纪80年代，其居民税前收入基尼系数长期稳定在0.35以下，其初次分配均等化程度稳居世界第二，而经过税收和转移支付等再分配后的收入均等化程度也逼近世界前五（Moriguchi, and Saez. 2006）。这意味着，在经济高速增长期的日本，国家主要依靠市场化手段来调控社会财富分配，以相对均等的初次收入分配来实现国民共享经济繁荣的成果，其再分配为居民带来的收益和福利水平甚低。

在初次收入分配方面，现今的日本依旧延续并主要依靠上述"三核心"的雇佣体系来承载其社会财富分配职能，只是为应对新千年以来的国内外经济形式变化，在人力资源配置方面引入了更多的市场化竞争，提高了劳动力的横向流动性。即便如此，日本就业体系的主体仍然以终身雇佣和工龄工资为基础。时至今日，每年步入职场的毕业生（高中和大学及以上学历）中，和企业签订传统终身雇佣合同的比重仍超过90%。之所以如此，是因为日本的整个用工体系实质上都是建立在终身雇用基础之上的。一方面终身雇用有效地降低了人员在不同企业间的流动性，提高了员工的职业预期和稳定性；另一方面也使得企业可以毫无顾虑的为缺乏专业知识和经验的新员工提供全面的培训，并支持其职业发展，且承诺在员工达到法定退休年龄时提供"买断工龄"的一次性大额津贴，进而使企业和员工之间形成了稳定的互惠合作关系。随着劳动力横向流动性的增强，实际上也降低了工会同企业之间的议价能力，进而造成雇员与雇主之间初次收入差距的拉大。

三　社会再分配

在安倍改革之前，由于日本社会就业稳定，且初次分配实现了收入的高度均等化，日本在社会支援体系建设方面也高度重视以公共就业、农业补贴、限制市场竞争和保障就业等为代表的功能型项目，而对于会扩大再分配规模的典型的社保福利项目则投入较少。20世纪90年代初，泡沫经济破灭的日本在OECD国家中以仅高于美国的税收水平和不足15% GDP的社保福利支出，给世界留下了日本国家福利十分"吝啬"，但社会均等水平却甚高的矛盾印象。即便到了近些年，在OECD针对其成员国在公共支出方面的统计中，日本公共支出占其GDP的比重也依旧不足四分之一，处于与其经济体量不相称的倒数前列。

在20世纪90年代，泡沫经济破灭和随之而来的长期经济停滞以及人口老龄化和低生育的共同冲击下，日本政府也不得不对上述依靠初次分配实现的社会均等做出调整改革。面对新出现的经济社会问题，日本政府必须平衡有限的财政资源和民众持续增长的福利需求。经过近半个世纪的发展，1995年，《社会保障体制再构筑——构筑安度晚年的21世纪社会》的颁布，标志着日本成功构筑了可以满足所有社会成员最低生活需求的福利国家制度，国家福利成为民众日常生活中不可或缺的组成部分。

第二次世界大战前的日本，收入分配极不平衡，最恶劣时，社会中收入最高的1%人口曾占有了超过20%的国民收入。等到第二次世界大战结束，作为战败国的日本在占领军的监督主导下经受了全面变革，其收入分配达到了前所未有的均等程度。在日本收入分配最为均等的1947年，社会中收入最高的1%人口占有的国民收入已经降到不足10%，而社会中收入最高的10%人口占有的国民收入也未到30%。此后，虽然社会中收入最高的群体所占有的国民收入比重不断走高，但在石油危机和泡沫经济破灭这样严重的经济动荡中，收入占比下降幅度最大的也是这些群体。与之相反，中等收入的40%人口和底层收入的50%人口占有的国民收入比重虽然逐渐走低，但在历次经济动荡中均会出现显著增幅，这意味着日本的财富分配体制一方面容忍了少数高收入群体财富在经济增长期的扩张，另一方面又降低了中低收入群体财富在经济衰退中的损失，转而让少数高收入群体承担经济衰退带来的收入损失，从而实现了日本社会财富分配的长期均衡（见图10-5）。

具体到兑现再分配功能所依托的社保福利制度设计和演化方面，日本福利国家的主体采用的是在当今世界各国流行具有显著的资金累积特征的保险项目。源于驻日盟军总司令部（SCAP）为解决战后混乱和恢复秩序而创立的综合性普适的免费国家福利供给制度，日本政府在重获国家主权并复苏经济后，即开始以公共财政资助的保险项目为核心重构其社保福利制度。由于被占领期间的日本政府可用于资助其社保福利的资源极为有限，所以尽管当时设立的工伤、失业和救济等福利项目均是普适性的，但均采用了资格审查方法来界定受益人群，且资助水平不高。即便如此，这些福利项目仍然奠基了日本的社保福利制度，并且结束被占领状态后的日本社保福利制度也继承并延续了此前的相对低收益水平的传统。

战后日本社保福利制度的发展历程可以被细分为四个阶段：1951—1960年的奠基时期、1961—1975年的扩张时期、1976—1989年的调整时期和1990年后的重构时期。在第一个和第二个时期中，以经济高速增长为背景，在政府的资金援助之下，日本社保福利制度的覆盖范围和规模均疾速扩张。多数日本学者均无视日本政府取回主权之前存在的国家福利项目，并主张1950年10月举行的社会保障审议会才是日本社保福利制度的开端（National Federation of Health Insurance Societies. 2008）。随着

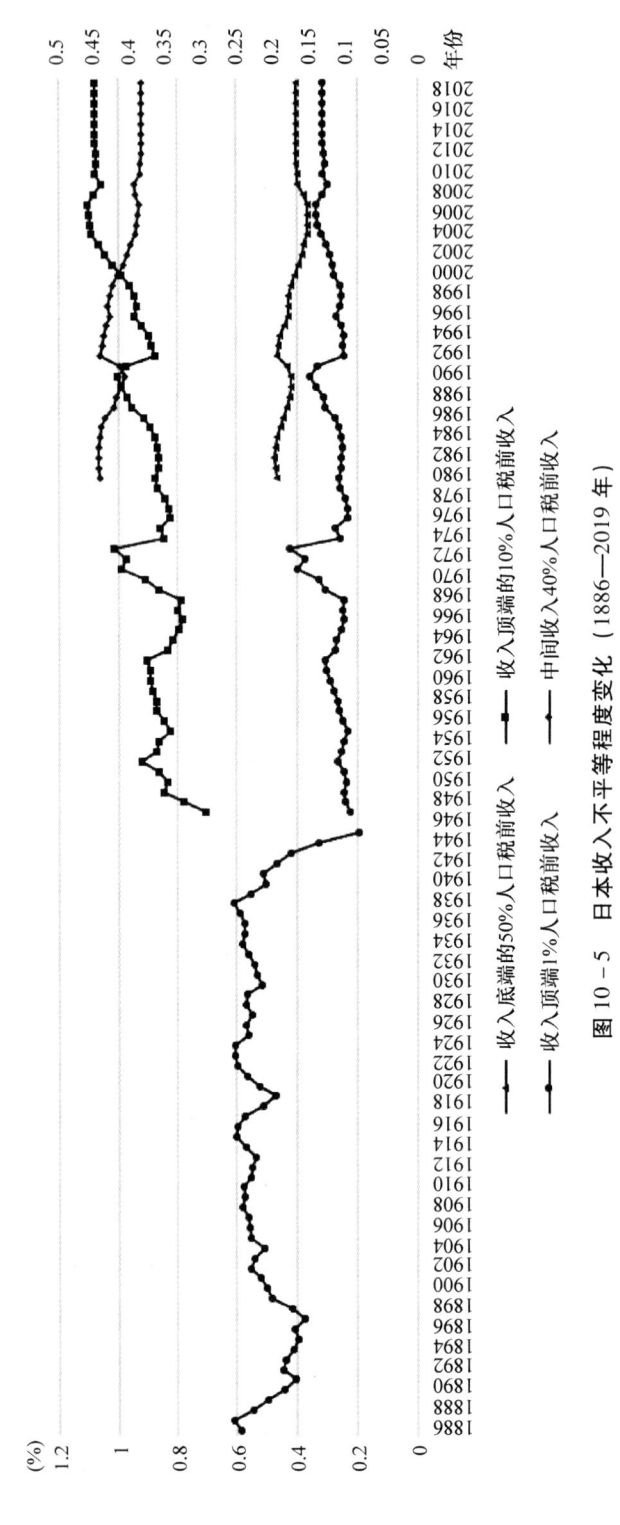

图 10-5 日本收入不平等程度变化（1886—2019 年）

数据来源：日本国势调查以及 www.wid.world 数据库。

1961年覆盖全体国民的养老金及相关保险体系的引入，所谓的综合性的、全民覆盖的福利国家制度被建立起来。自此以后，一系列如儿童福利、就业福利，乃至环境福利政策等福利项目被陆续引入到日本的社保福利体系之中。

尽管1973年被称为日本的"福利元年"，但是实际上在做出这一宣示的当年晚些时候，日本就陷入了"石油危机"。此后，公共财政在负担福利国家支出方面愈发力不从心。实际上，日本在1973年所定义的福利国家，实质上是指日本政府负担了全体居民医疗支出的70%，以及老年人的全部医疗支出，且全体社会成员均得到了某种养老保险项目的覆盖。换言之，这一对日本福利国家的界定虽明确了主体福利项目全民覆盖属性的同时，仅对特定项目的一般性基础收益水平做出了限定，并未提供统一的参照标准。时至今日，日本不同行政区的不同行业的民众享受的社保福利依旧大相径庭。

自1973年起，日本经济结束了其惊人的爆发增长，步入了平稳发展阶段。缺少了经济高速增长预期的加持，日本政府开始筹划应对福利国家造成的财政负担的方案。1980年的临时行政调查会建议政府限制福利国家支出的增长，并尽量探索缩小政府提供的福利规模的途径。为此，出于应对新的经济社会和财政环境的需要，日本政府在1983年取消了面向老年人的免费医疗，转而建立一项新的面向老年人的医疗保障体系，该体系的主要支出来自其他医疗保险项目的基金，并于1984年实施了患者需要为其医疗消费支付额定费用的医疗定额收费标准和面向退休人员的由健康保险基金资助的医疗辅助。此外，1986年，日本开始实施《国民年金法》，这是日本养老制度改革的里程碑事件，构建了日本现行的三层次养老体系。新修正的《国民年金法》，将国民年金的适用范围扩大至20岁以上、60岁以下的国民均必须参加，成为全体日本国民的基础公共年金制度。

经过近半个世纪的发展，1995年，《社会保障体制再构筑——构筑安度晚年的21世纪社会》的颁布，标志着日本成功构筑了可以满足所有社会成员最低生活需求的福利国家制度，国家福利成为民众日常生活中不可或缺的组成部分。在泡沫经济破灭和随之而来的长期经济停滞，以及人口老龄化和低生育的共同冲击下，日本政府也不得不对上述依靠初次分配实现的社会均等做出调整改革。面对新出现的经济社会问题，日本政府必须平衡有限的财政资源和民众持续增长的福利需求。

为应对在即将到来的21世纪中为维持和拓展基本国家福利供给而引发的预期中的社保福利支出增长，日本政府调整并进一步协调了福利国家各部门的保障功能，以提高福利国家的整体效果。1989年开始，所谓的"黄金计划"——《促进老年人健康与福利的十年规划战略》以及一系列其他社保福利项目被陆续引入。自20世纪90年代开始，日本政府就在其例来重视的养老方面投入了更多心力，《老人福利八法》于1990年得到修订，不同行政层级所运营的相关养老基金体系也得到整合。于2000年4月引入的被称为"第五保险系统"的长照保险的实施，标志着老年友好型福利系统的成型。同时，出于解决低生育率问题的"天使计划"也在这一时期得到采纳。正是通过这些迅速扩张的社保福利项目，日本的收入再分配功能得到了强化，收入再分配水平也显著提高，从而使20世纪90年代中期已经达到40的初次收入分配基尼系数，经过再分配后重新回到了30左右，保障了日本社会的收入均等。

与被削弱的初次分配平抑收入差距的功能不同，如今的日本是一个典型的综合性的福利国家，囊括了所有的九大社保福利部门，并覆盖了全体日本居民。尽管如此，日本福利国家在不同的行政区划和行业层面上依旧存在显著的碎片化特征，统一程度不高，且其整个福利体系的绝对核心从始至今都是由公共社保福利和强制性的私人社保项目构成的。而这其中，公共社保福利又占了绝对大头，但同时也应注意到，日本再分配体系中的民众自愿参与的社保项目比重有显著的上升趋势（见图10-6），只是在日本乃至所有OECD国家中由私人资助的慈善项目规模都处于几乎可以忽略不计的体系边缘，其资助力度甚至低于"税负减免"。在各大社保福利部门中，养老和包括照护在内的公共医疗得到了最多的资源支持。从号称"福利元年"的1973年开始，医疗保险就报销了老年人的全部医疗支出和一般患者70%的支出。在养老方面，养老福利的增长也和物价及租金上涨保持了同步。除了退伍抚恤和针对第二次世界大战受害者的一些特殊福利项目，养老、医疗和就业福利，以及灾害保险和2000年4月开始生效的介护保险占用了日本绝大部分的福利国家预算。换言之，它们共同构成了日本福利国家的主体。更严格地说，以武川正吾为代表的一些学者主张日本福利国家在养老和医疗这两大最重要的福利门类上的发展毫不逊色于西方发达国家（Takegawa. 2005）。

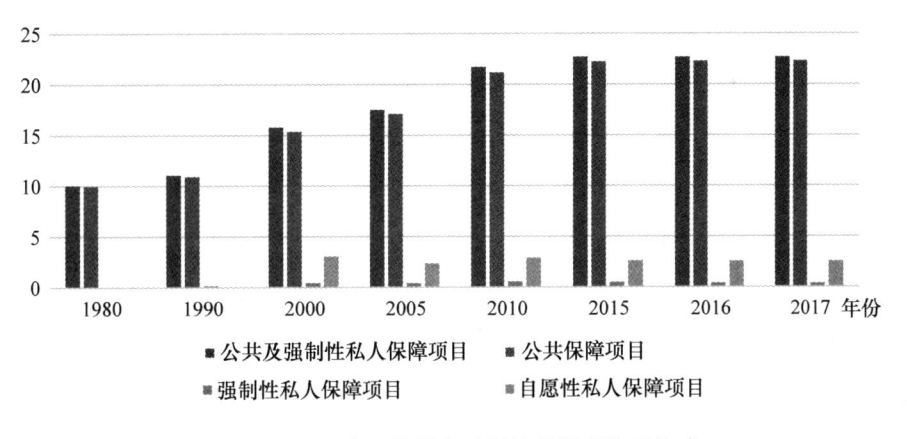

图10-6 日本不同历史时期社保福利体系构成

数据来源：OECD的SOCX数据库。

四 三次分配：慈善活动在日本社会财富分配中的角色与作用

在2021年慈善援助基金会公布的世界奉献指数（World

Giving Index)① 中，日本排名 107，很难说是一个慈善事业发达的国家。在这些接受调查的日本民众中，仅有 23% 左右的被调查者表示愿意为慈善事业捐款，24% 左右被调查者表示愿意帮助陌生人，而愿意花时间做志愿者活动的被调查者也仅有 22% 左右。Statista 在 2019 年所做的针对日本民众对"通过捐助获取欢愉"这一观念的调查结果，与慈善援助基金会的结论互相印证。在 Statista 的调查中，仅有 4% 左右的日本被调查者认为通过捐助可以获得巨大欢愉，超过 65% 的被调查者认为捐助带不来任何愉悦，其中更有 39% 的被调查者认为捐助和自己无关，仅有 30% 左右的被调查者认为捐助多少能带来点儿愉悦。

实际上，正如在前述统计数据中所显示的，慈善活动在日本过去和如今的社会财富分配体系中均处于边缘地位。作为日本慈善活动源头的"四箇院"（悲田院、施药院、疗病院以及敬田院）其实是由日本历史上的首家官方寺院——四天王寺设立的。即便到了 16 世纪，佛教和新传入日本的基督教组织都在日本的慈善活动中扮演着举足轻重的角色，这就使得日本的传统慈善活动渗透着深刻的宗教色彩。就算是在以"结"这种基于相互约定共同开展活动的日本特色的共同劳作邻里互助和自治组织中，也衍生了以"无尽"（通过物品担保进行融资）和"赖母子"（众人集体出资型融资组织）为代表的以特定的宗教教义或信仰为中心的，被称为"讲"的兼具经济功能的慈善组织。这些传统慈善组织的主要扶助对象就是农民、贫民、孤儿等弱势群体，而扶助水平普遍较低。

江户幕府时期打压佛教等宗教组织，明治政府又通过公益法人制度将"公益"活动权限收归国有，自此日本的民间慈

---

① 根据慈善援助基金会（CAF）进行的调查得出，调查范围覆盖全球 125 个国家和地区，受访对象超过 130 万人。

善公益活动走向衰微。直至第二次世界大战结束以后,社会福利组织和民间非营利机构才开始逐步涌现,尤其是在20世纪60年代学生运动和民众游行的刺激下,民间的非营利组织开始成为民众进行社会表达和从事社会活动的途径,进而开始越来越多地出现在日本的慈善活动中。在20世纪80—90年代的泡沫经济中,日本民众参与慈善活动的热情空前高涨,民间非营利组织也逐步成长为日本慈善活动的主要实施者,但业已存在的依托政府机构监督、实施自上而下管理的公益法人制度却严重限制了它们的自由发展。

在这种情况下,1995年发生的阪神大地震直接为当时的日本民众提供了大量的开展志愿性慈善活动的机会,以此为契机,日本政府于1998年颁布了旨在推动市民公益活动发展的民法之特别法——《特定非营利活动促进法》(通称"NPO法"),并于2006年彻底废除了植根于日本民法第34条的旧公益法人制度。至此,日本对于从事慈善活动的非营利组织的管理方式转为基于登记备案原则的一般法人制度和基于认定主义的新公益法人制度,进而造就了如今以非营利组织为核心的日本慈善活动体系。如今,全日本已经有超过两万个社会福利机构和近万个公益性非营利组织,但即便如此,作为三次分配主体的慈善活动为日本民众生活带来的改善仍十分有限。

五 日本社会财富分配经验总结及启示

透过上述的综述和分析,可以发现,日本的"发展型国家主义"在高度重视经济增长的同时,也从制度层面强化了对居民消费力的培养,从而为其产业升级营造了必须的国内市场和可持续的经济"内循环"系统。这一系统在收入分配方面的表现就是,通过初次分配和再次分配的相互配合实现和维持较均等的日本居民收入分配。对日本收入分配系统设计和演化的分析可总结出的经验如下。

首先，收入分配制度设计和调整需要与宏观经济情况相适应，在劳动力纵向流动较顺畅的经济高速增长期，初次分配在平抑收入差距时应发挥主要作用；在经济增速迟滞时期，需要在适度放开劳动力横向流动的同时，增强再次分配在平抑收入差距时的作用。

其次，在初次收入分配的制度设计中既需要重视社会财富在不同行业间的分配，也需要重视其在不同生产要素间的分配，强化对劳动者就业和工资待遇的保障，增强劳动者的集体议价能力，让社会中的"先富"群体承担更多平抑经济波动的义务。

再次，在再次分配制度设计中即要避免扭曲市场功能破坏竞争机制，又要充分发挥税收在调节收入分配中的作用，通过扩大公共支出的方式提高全社会的福利水平。

最后，通过对日本及其他国家收入及相关各项经济数据的分析，可以发现，无论社保福利体系如何设计，公共支出水平提升都会对平抑收入差距发挥积极作用。因此实现"共同富裕"过程中，既要重视税收工具在筹集公共资金方面的作用，也要逐步扩大公共支出规模。

韩　国[*]

一　基本情况

第二次世界大战后，韩国社会普遍处于贫困状态。经过20年的发展，取得了令人瞩目的成就，创造了"汉江奇迹"。在1993年之前的军人执政时期，实施社会福利政策的目的是经济发展和社会控制，在这一历史阶段，韩国社会福利经历了发展与停滞反复循环的过程。经济高速发展时期，社会福利萎缩；经济停滞时，社会福利暴增。1993年执政的金泳三政府终结了军事政府，获得政治合理性，社会不安定趋于淡化，工会活动率和劳资纠纷逐年减少。金泳三政府信奉福利提供主体多元化，国家福利责任转移到民间，强调市场原理的新自由主义，终结了"福利之春"，社会福利领域甚至开了倒车。具有福利亲和力和社会进步倾向的金大中政府遇到了建国以来最恶劣的环境。1998年2月金大中执政以后，进行了大幅度的福利制度改革，韩国的社会福利政策进入了一个新的发展阶段。金大中之后的历任领导人的社会福利政策虽各有侧重，但是，没有脱离"福利和经济同步发展"的生产性福利理念，强调个人通过劳动获得必要的生活保障。

韩国经济经过20世纪70—80年代高速发展，进入21世纪

---

[*] 本章执笔人：长春工业大学高春兰。

后经济发展速度有所放缓。20世纪70年代,韩国人均GDP不足1000美元,到90年代增加近20倍,虽然没有达到OECD发达国家的平均水平,但增长速度惊人。受疫情影响,2019年至2020年,人均GDP和GNI都出现下滑局面(见表11-1)。

表11-1　　　　韩国GDP和GNI及人均GDP和GNI　　　　单位:美元、%

年度	国内生产总值(GDP)亿美元		国民总收入(GNI)亿美元		人均GDP(美元)		人均国民总收入GNI(美元)	
	总值	平减指数	总值	平减指数	人均	增长率	人均	增长率
2011	12534.3	93.9	12611.9	1.3	25100.4	8.74	25255.8	9.25
2012	12779.6	95.1	12913.3	1.3	25457.5	1.42	25723.7	1.85
2013	13705.6	96.0	13793.0	1.0	27178.1	6.76	27351.3	6.32
2014	14839.5	96.9	14911.4	0.9	29242.4	9.44	29383.9	7.43
2015	14653.4	100.0	14699.3	3.2	28723.8	-1.77	28813.6	-1.94
2016	15000.3	102.0	15055.1	2.0	29287.2	1.96	29394.3	2.02
2017	16233.1	104.3	16299.2	2.2	31605.2	7.91	31734.1	7.96
2018	17251.6	104.8	17321.1	0.5	33429.0	5.77	33563.7	5.77
2019	16463.3	103.8	16606.3	-0.9	31838.2	-4.76	32114.9	-4.32
2020(预)	16308.2	105.1	16442.9	1.3	31494.9	-1.08	31755.0	-1.12

资料来源:韩国统计厅2020社会指标,第234页。
注:人均GDP=GDP/总人口×100%,总人口以2017年为基准。

快速的经济增长创造了"汉江奇迹",但是1990年代的金融危机打破了"经济增长是国民幸福生活的唯一选择"的神话,韩国改变"先增长后分配"的发展理念,制定了很多创新性社会政策。从基尼系数来看,政府社会政策在促进社会公平和共同富裕方面起到了重要的作用。虽然市场收入基尼系数[1]多数年

---

[1] 韩国政府从2011年开始通过"家计动态调查"计算基尼系数和收入分配比率。从2017年开始,利用行政资料补充的"家庭金融福利调查",并根据OECD标准进行计算。

份超过0.4，但通过国民年金、基础年金、儿童补贴等公共移转收入，家庭可支配收入的基尼系数大幅度降低，2019年达到最低点。收入五分位比率反映高收入群体和低收入群体之间的差距，不同群体之间在市场上获得的收入差距每年十倍之多，但通过公共资金转移缩小收入差距，效果显著（见表11-2）。但从世界范围来看，在36个OECD国家中，韩国的基尼系数位于第28位，收入五分位倍率处于第29位，因此还需要不断改善收入分配制度。

表11-2　　　　　　　基尼系数和收入五分位比率　　　　　　单位：倍

年度	基尼系数		收入五分位比率	
	市场收入	可支配收入	市场收入	可支配收入
2011	0.418	0.388	11.21	8.32
2012	0.411	0.385	10.65	8.10
2013	0.401	0.372	10.29	7.68
2014	0.397	0.363	10.32	7.37
2015	0.396	0.352	10.41	6.91
2016	0.402	0.345	11.15	6.54
2017	0.406	0.354	11.27	6.96
2018	0.402	0.345	11.15	6.54
2019	0.404	0.339	11.56	6.25

资料来源：韩国统计厅"2020家庭金融福利调查结果"。

注：收入五分位比率是收入上位20%群体的平均收入除以下位20%群体的平均收入的值。

可支配收入等于把可支配收入（市场收入+公共转移收入-公共转移支出）予以均等化的收入。

公共转移收入：公共年金（包括国民年金），基础年金、儿童补贴、残疾补贴等

公共转移支出：税金、年金缴费、社会保险费等

2019年，韩国国民的预期寿命达到了83.3，其中男性为80.3，女性为86.3，远远高于世界平均水平。韩国的医疗社会服务也接近甚至高于OECD的平均水平，例如2018年韩国每千

人的病床数为7.08，超过OECD成员国（4.5）的平均数。[①]

二 初次分配及相关政策

（一）韩国初次分配的情况

韩国家庭收入主要是经常性收入，包括劳动收入、经营收入、资产收入、公共部门移转收入和私人间移转收入。其构成来看，60%以上是劳动收入，20%左右是经营收入，市场收入居多，初次分配占比较重（见表11-3）。

表11-3　　　　　　　　收入来源构成　　　　　　　　单位：%

年度	劳动收入	经营收入	资产收入	公共移转	私人移转	合计
2011	62.5	26.8	4.5	4.3	2.0	100.0
2012	64.5	25.1	4.5	4.2	1.7	100.0
2013	64.9	24.9	4.1	4.5	1.6	100.0
2014	65.6	23.9	4.0	5.0	1.4	100.0
2015	65.6	22.9	4.5	5.6	1.4	100.0
2016	63.9	22.2	6.5	6.0	1.5	100.0
2017	63.8	21.8	6.7	6.2	1.6	100.0
2018	64.9	20.2	6.5	6.6	1.8	100.0
2019	64.0	19.4	7.0	7.7	1.8	100.0

资料来源：韩国统计厅2020家计金融福利调查。

韩国统计厅使用多种指标来测算收入差距，自2019年起，其使用的指标包括中位收入、5分位收入、相对贫困率以外，增加帕尔马比值。韩国初次分配的收入差异很大，市场收入中5分位收入倍率达11倍之多。政府出台了多种政策，通过公共部门的转移来缩小收入差距。从相对贫困率指标来看，2019年韩

[①] 资料来源：韩国保健福利部"2020保健福利统计年报"。

国依据市场收入计算的相对贫困率[①]为20.8%,而依据包含有社会转移支付的可支配收入计算的相对贫困率降低为16.3%。尽管如此,韩国的贫困问题仍然突出,尤其是老年人贫困问题较为严重。

(二) 与初次分配相关的政策措施

韩国的就业政策主要以促进就业为主,缺少保障劳动者工资水平和社会权益的集体谈判或其他制度安排。韩国就业促进方向是积极创造劳资民政(劳动界、资方、市民团体、政府)协同促进的就业岗位,提前应对就业危机;应对第四次产业革命,大力培养新产业、新技术人才;针对不同对象制定适配性政策;加强雇佣安全网建设;缩短劳动时间,通过改善劳动环境,提高劳动效率。

针对青年、女性和老年人等群体,韩国政府推出了不同的政策措施以增加他们的劳动力市场参与。针对青年,采取了为雇主提供补贴以奖励雇佣年轻人、设立就业中心为青年人提供就业咨询和帮助等;针对女性,实施女性生育和育儿期的就业支持政策;针对老年人,有条件地为雇佣60岁以上老年人的企业给予补贴。

韩国的就业率与OECD国家相比,处于中位地位,2019年韩国的就业率为60.9%,其中男性为70.7%,女性为51.6%,60岁以上老年人就业率高达41.5%,这也是韩国老年贫困问题严重的一个表现。

韩国的税收包括企业税(法人税)和个人所得税。企业法人依据其收入按年度缴纳法人税。个人所得税起征点是1200万/年(约人民币66000),实行累进税制。随着工资的增长,课税标准和实际缴纳额也不断上升。除个人所得税外,韩国个

---

① 收入不及中位收入的50%人群占总人口的比例。

人所负担的税种比较多，有房地产税、宗教人税、继承税、赠与税等。

为了防止有工作的人陷入贫困状态，韩国实施劳动收入奖励税制度（EITC）。根据家庭、收入和资产条件，以家庭为单位提供资金。以是否有配偶、子女、供养70岁以上父母为条件分为1人家庭、单职工家庭和双职工家庭。单独家庭年收入不满2000万元；有配偶、子女和供养70岁以上父母的单职工家庭年收入低于3000万元；双职工家庭年收入不足3600万元的家庭，家庭资产不足2亿元的家庭可以申请劳动收入奖励金，有18岁以下子女的家庭可获得子女奖励金。

2008—2010年，因最低工资提高，但劳动奖励金获取条件没有发生变化，获得劳动奖励金的家庭数量减少。2011年开始放缓获取条件，获得奖励金的家庭数量增多，到2019年，比前一年增加1.9倍，支出额增长2.9倍。

三 社会再分配

（一）韩国的社会保险

韩国社会保险体系包括国民年金、健康保险、雇佣保险、产业灾害保险和老年长期护理保险。2008年开始实施的长期护理保险成为韩国第五大社会保险。

1. 国民年金

1988年1月1日正式实施国民年金。最初适用于10人以上企业，1992年扩大到5人以上企业，1995年7月扩大到农渔村居民，1999年扩大到城市自营业者，2003年扩大到不满5人企业。

韩国公共年金覆盖公务员、军人、私立学校教师、邮政等特殊职业领域职工。除此之外的居民参加国民年金。虽然法律规定18岁以上、60岁以下的国民及居住在韩国的外国人都应该参加国民年金，但国民年金参保率并没有达到很高的水平，尤其是非正规职业者的参保率很低（见表11-4）。

表11-4　　　　　　　被雇佣者公共年金参保率　　　　　　单位：%

年度	雇佣劳动者	正规职业	非正规职业
2011	65.2	79.2	38.3
2012	66.8	80.4	39.2
2013	67.7	81.3	39.4
2014	68.1	82.2	38.5
2015	67.5	82.1	37.0
2016	67.7	83.0	36.4
2017	69.1	85.0	36.6
2018	69.8	87.5	37.9
2019	69.5	87.5	37.9
2020	69.8	88.0	37.8

资料来源：韩国统计厅《2020社会指标》，第221页。
注：公共年金中不包括社区加入者和被抚养者。

国民年金的给付有老龄年金、残疾年金、遗属年金等，但领取率很低，因此韩国的老年贫困现象比较严重（见表11-5）。

表11-5　　　　　65岁以上老年人领取公共年金比例　　　　单位：人、%

年度	公共年金领取率	公共年金领取人数	国民年金	公务员年金	私立学校教师年金	军人年金
2013	39.1	2353035	87.8	8.8	1.4	2.0
2014	41.1	2580260	88.1	8.6	1.4	1.9
2015	42.8	2802065	88.3	8.6	1.3	1.8
2016	44.6	3015710	88.3	8.5	1.4	1.8
2017	46.9	3313618	88.6	8.4	1.3	1.7
2018	48.6	3584900	88.7	8.4	1.3	1.6

续表

年度	公共年金领取率	公共年金领取人数	国民年金	公务员年金	私立学校教师年金	军人年金
2019	50.9	3914457	88.9	8.3	1.3	1.5

资料来源：韩国统计厅：2020年高龄者统计，第70页。

注：公共年金领取率＝公共年金领取者（65岁以上）/65岁以上老年人口×100%，老龄人口人数以2017年为基准。

国民年金领取者包括老龄年金、残疾年金和遗属年金的领取者。

国民年金替代率相对也比较低，且逐年降低。为了保障年金财政的安全，提高领取年龄，降低替代率。国民年金给付包括按平均收入计算的均等部分和按常数比例计算的收入比例部分（见表11-6）。

表11-6　　　　国民年金替代率的变化

参保时间	1988—1998年	1999—2007年	2008年	2009年	2010年	2011年	2012年	2013年	……	2028年
替代率	70%	60%	50%	49.5%	49%	48.5%	48%	47.5%	……	40%
常数比率	2.4	1.8	1.5	1.485	1.470	1.455	1.440	1.425	……	1.200

资料来源：韩国国民年金公团：2020国民年金统计年报，第305页。

基础年金。从1988年开始实施国民年金制度，因实施时间短，好多人没有参与，即使参与，参保时间短，只能一次性领取。为此韩国实施了个人不缴费，完全由政府财政支出的基础年金制度。65岁以上老年个人或夫妇，其收入不足规定限额时，可申请基础年金。目前大约66%的65岁以上老年人领取基础年金（见表11-7）。

表11-7　　　　　　　基础年金领取者

年度	全体老人（人）	领取者（人）	领取比例（%）
2012	598060	3933095	65.8

续表

年度	全体老人（人）	领取者（人）	领取比例（％）
2013	6250986	4065672	65.0
2014	6520607	4353482	66.8
2015	6771214	4495183	66.4
2016	6987489	4581406	65.6
2017	7345820	4868576	66.3
2018	7，638574	5125731	67.1
2019	8013661	5345728	66.7

资料来源：韩国保健福利部的2020保健福利统计年报，第428页。

注：2014年7月之前称之为基础老龄年金，之后称之为基础年金。

2. 健康保险

健康保险由雇主和雇员各负50％，社区参保者个人全额承担。非正规职业者流动性较大，参保率相应较低（见表11-8）。

表11-8　　　　劳动者参加健康保险参保率　　　　单位：％

年度	雇佣劳动者	正规职业	非正规职业
2011	68.4	80.9	44.1
2012	70.1	80.3	45.5
2013	71.4	83.6	46.3
2014	71.5	84.2	44.8
2015	71.6	84.8	43.9
2016	72.6	86.2	44.9
2017	74.2	88.4	45.3
2018	75.5	90.1	45.9
2019	75.7	91.5	48.0
2020	76.7	92.6	49.0

资料来源：韩国统计厅2020社会指标，第221页。

注：健康保险参保者中不包括社区参保者和被抚养者。

2000年健康保险管理机构统一以后，不断提高健康保险的保障率，但因为非医保类个人承担费用增加，保障率提高程度不是很明显。2005年开始，在健康保险支出中提高了对癌症、脑血管、心脏病、疑难病症等领域的保障率，减轻个人和家庭负担。当患者的法定个人负担费用总额超过依据个人收入规定的个人负担上限时，超过部分由健康保险公团支出，有事前直接扣除和事后返还的方法，主要目的是减轻低收入患者的医疗负担。2007年实施这个制度以来，返还金额年平均增长28%。

3. 雇用保险

韩国把失业保险称之为雇用保险。雇用保险是以促进就业，提高劳动者就业能力，预防失业为目的，而非为失业劳动者提供基本的收入保障，其主要有稳定就业、职业能力开发、就业补助等政策。韩国的雇用保险也没有实现全覆盖，2020年只有76.2%的雇佣劳动者参保，其中正规职业劳动者参保率为87.2%，非正规职业劳动者参保率只有43.6%。[①]

4. 老年长期护理保险

韩国自2008年实施《老年长期护理保险法》。当时，只有3%的65岁失能老人接受服务，经过10多年的发展，这一比例提高到10%。老年长期护理保险制度在提高失能老人生活质量，减轻家庭负担等方面起了重要作用，国民对护理保险的认知度70%以上，满意度90%以上。

（二）社会救助

基础生活保障包括生计、医疗、住房、教育、自立等方面的保障。对基础生活保障者除了提供相应保障外，还减免居民税、电视收视费、电费、通信费、汽车年检等费用。

生计保障：根据家庭人口、收入及抚养人情况，经调查家

---

① 韩国统计厅：《2020社会指标》，第221页。

庭收入和资产，对符合条件的家庭和个人提供收入保障。

医疗保障：对生活困难的低收入群体提供基本的医疗保障。

住房保障：收入低于中位收入45%以下，总资产收入低于规定限额时，可以申请住房保障。

教育保障：对低收入家庭的小学、中学和高中生提供教育活动支援费。

自立保障：对低收入者提供适合的就业岗位；对2人以上基础生活保障者创立的企业给予资助。

青年希望1：每月储蓄5万—10万韩元（约280—560元人民币）+三年之内脱保，提供劳动奖励金。

青年希望2：每月储蓄10万韩元+3年持续参加有收入的劳动+参与相关技能教育=提供劳动奖励金360万韩元（约2万人民币）。

青年储蓄：每月储蓄10万韩元+3年持续劳动+进修并获得国家认证的资格证=1080万韩元（约6万元人民币）劳动奖励金。

（三）社会福利

韩国对老人、儿童、残疾人、孕产妇等特殊群体提供福利服务。如所有孕妇可以免费领取3个月的叶酸和16个月的铁粉；7岁以下儿童，每月可领取10万韩元（560元人民币）补贴；所有3—5岁上幼儿园的孩子领取保育费；超过500户以上的公共住宅区必须设立幼儿园。60周岁以上收入低于中位收入120%的老年人，提供阿尔茨海默症筛查服务，已获得痴呆诊断并参与治疗时，对健康保险个人负担部分给予部分支援。

四 公共服务支出

在韩国更多地使用社会服务概念，从广义上说，社会服务是为了提高个人或社会的福利而提供的福利、保健、医疗、教育、文化、住房、就业、环境等方面的服务，狭义来说是对老人、儿童、残疾人提供的服务。

整体来看，韩国的社会福利支出在 GDP 中的占比有所提高，2019 年达到 12.2%，但但尚未达到 OECD 成员国 20% 的平均水平。①

经常医疗费是国民在一年内消费的保健医疗服务和医疗产品总和。政府支出是指根据政府（中央和地方）要求义务加入（健康保险、产业灾害保险、长期护理保险、汽车责任保险）而支出的医疗费用。民间医疗费是根据自愿加入（商业保险、非营利组织、企业）、家庭和个人负担（法定个人负担费、非给付个人负担）而支出的医疗费。2019 年韩国经常医疗支出在 GDP 中的比例为 8%，没有达到 OECD 平均水平。在经常医疗经费中，政府支出占 60.8%，民间支出占 39.2%。②

公共教育费是在总教育费中扣除家长在学校之外投入的费用，是政府和民间部门投入的所有教育及其相关行政费用，包括政府部门、民间部门和海外投入。韩国公共教育领域的投入 30% 依靠民间，政府投入占 70%。以 2017 年为基准，教育领域的投入为 5.0%，高于 OECD 成员国 4.9% 的平均水平。③

五 社会服务输送体系

韩国的社会福利服务大部分是由民间组织提供，在民间组织中发挥中枢作用的是社会福利法人。社会福利法人是依据《社会福利事业法》建立的，主要分为设施法人和支援法人。以

---

① 韩国统计厅：2020 韩国社会指标，第 256 页。
② 韩国统计厅：2020 韩国社会指标，第 166 页。
③ 韩国统计厅：E - 国家指标 - 教育部门。

设立和运营社会福利机构为目的而设立的为设施法人，利用出资和收益支援社会福利事业的法人为支援法人。大企业拿出每年利润的一部分，建立独立的社会福利法人，以招标方式，向社会组织注入资金。如三星福利财团、太平洋福利财团、峨山福利财团。截至2019年6月，韩国共有2985个社会福利法人组织，其中2711个设施法人，274个是支援法人。

韩国还有1998年建立的"社会福利共同募金会"，属于社会福利法人组织，主要活动是向民间募集资金并进行分配、运营和管理，开展社会福利方面的调查、宣传、研究和国际交流活动。社会福利法人组织支援领域广泛，包括生计、饮食营养、精神保健、教育、环境、就业、信息技术普及、两性平等，目前中央设有总会，地方共有17个分会。

后　　记

本书的其他主要作者介绍如下。

李凯旋，美国篇作者，政治学博士，中国社会科学院马克思主义研究员副研究员，主要研究领域为意大利政治与社会政策，欧洲左翼政治，当代资本主义政治经济体系发展新趋势。

柴瑜，南美篇第一作者，研究员，中国社会科学院拉丁美洲研究所所长，主要从事国际贸易与外国直接投资、区域经济一体化、新兴经济体研究。

岳云霞，南美篇第二作者，研究员，现为中国社会科学院拉丁美洲研究所经济研究室主任，主要从事国际贸易与投资、拉美经济研究。

何丙姿，南美篇第三作者，社会学博士，现就职于中国社会科学院拉丁美洲研究所社会文化研究室，主要从事拉美社会问题研究。

刘涛，德国篇作者，浙江大学公共管理学院教授、博士生导师，浙江大学文科领军人才。

彭姝祎，法国篇作者，博士，中国社会科学院欧洲研究所研究员。

林卡，北欧篇作者，浙江大学教授，芬兰坦佩雷大学和图尔库大学讲座教授，香港岭南大学客座教授，从事社会保障，社会政策，社会工作和社会管理的研究。

张敏，西班牙篇作者，中国社会科学院欧洲研究所研究员、博士生导师，中国社会科学院西班牙研究中心主任。

丁纯，欧盟篇作者，复旦大学教授，复旦大学欧洲问题研究中心主任、一带一路及全球治理研究院副院长。

郑春荣，英国篇作者，上海财经大学教授，博士生导师，公共政策与治理研究院副院长。

许艳丽，俄罗斯篇作者，社会学博士，中国劳动关系学院教授，中国劳动关系学院酒店管理学院执行院长。

黄冠，日本篇作者，政治学博士，厦门大学嘉庚学院教授，长期从事社会保障和政治经济制度演化方面的相关研究。

高春兰，韩国篇作者，社会福利学博士，长春工业大学公共管理学院教授，主要研究方向为社会政策，社会福利制度国际比较。

中国社会科学院欧洲研究所张浚研究员参与了报告的统稿和编辑工作。

周弘，中国社会科学院学部委员，国际学部主任，中国社会科学院大学特聘教授，主要从事福利国家、欧洲一体化、中欧关系、国际发展援助、德国统一外交等领域的研究。